来自德国的问候
预祝您拥有一个美好假期!

亲爱的读者:

或许您会问自己,为何您买了一本德国而非本国制作的旅行指南?但请放心,您已经为此做出了一个正确而又明智的选择。

在2012年中国取得全球旅行冠军之前,该头衔一直被德国保持。对于德国这样一个"小国家"来说,这是令人惊叹的!原因可能是,自1950年开始,旅行的梦想对于广大的德国人来说开始变得更为现实。因此,梅尔杜蒙在与北京出版集团的合作中茁壮成长。

"梅尔杜蒙"的故事是冒险的旅程到成为家族的旅三代,现由创始人的孙女继今的"梅尔杜蒙"已是欧洲品牌。

一个了不起的故事,从充满行事业,直至今天已传承续领航这一成功之旅。如旅游产品领域遥遥领先的

手握这样一本旅行指南,您可以高枕无忧。请您相信,无论您要去的是世界的哪个地方,梅尔杜蒙近百年的专业经验以及适合中国旅行者的本土化信息,都可以帮您更精确地了解旅行目的地。

请您开始一段全新的奇遇之旅吧!

这本书会是一个随时陪伴您的伙伴,预祝您有一段充满新的发现和希望的完美旅程!

中国作者
宋琳（SLinko）

欧洲最大旅游集团的旅游产品设计师，足迹遍布四大洲，20多个国家。追求深度与趣味兼具的酷旅行，摄影与潜水是她加持旅行的技能，偏爱挖掘当地季节性活动与限定节庆。愿带着孩童般饱满的好奇心去陆地流浪，去海洋漂荡，去全世界快乐蹦跶！

德国作者
迪利克·扎普乔索奥卢和于尔根·戈特施利希

这两位作者在土耳其生活和工作了15年。扎普乔索奥卢（在伊斯坦布尔和哥廷根学习历史和政治）在伊斯坦布尔出生，而戈特施利希（在柏林学习哲学和新闻学）是一个纯粹的移民。他们都是作家和记者，为德国的报纸和广播公司提供来自土耳其的新闻。

梅尔杜蒙的故事

希尔德（Hilde）和库尔特·梅尔（Kurt Mair）是为旅行而生的。早在20世纪20年代第一次世界大战刚刚结束时，他们就驾驶着汽车或者摩托车穿梭在欧洲大陆上。漏气的轮胎、过热的冷却液、失灵的刹车，这些都无法阻挡他们前进的步伐。那时有很多我们今日无法想象的场景，甚至没有一张地图！即使是这样，连撒哈拉大沙漠也无法阻挡梅尔夫妇的冒险之旅。同样他们也会做测绘之旅，这些被探测的路况信息会被精确地整理和保存。第二次世界大战结束后，1948年，库尔特·梅尔成立了公司，路书和地图册是他们的主营产品。库尔特·梅尔离世后，他时年26岁的儿子福尔克马·梅尔（Volkmar Mair）继承并领导这个企业，为今天的梅尔杜蒙集团打下了基石，使集团成为一个全球性的媒体集团，其在全球拥有多家办事处，员工380名，年销售额约1亿欧元。

今日的梅尔杜蒙集团不仅仅提供地图，旅行指南、旅行画册、旅行冒险和电子产品构成了集团丰富的产品组合。在中国，梅尔杜蒙与北京出版集团于2014年成立了合资公司，开始服务于中国旅行者日益增长的需求。

土耳其

- **8** 欢迎来到土耳其
- **14** 当地锦囊
- **16** 体验土耳其
  - 16 免费畅游
  - 17 本色土耳其
  - 18 雨天游玩
  - 19 休闲之所
- **20** 潮流之选
- **22** 土耳其面孔
- **28** 美食
- **32** 购物

- **34** 西海岸
  - 34 博德鲁姆
  - 39 布尔萨
  - 42 恰纳卡莱
  - 44 伊斯坦布尔
  - 48 伊兹密尔
- **54** 南海岸
  - 54 阿拉尼亚
  - 57 安塔利亚
  - 61 费特希耶
  - 63 卡什
  - 64 马尔马里斯
- **66** 中部安纳托利亚地区
  - 66 安卡拉
  - 70 卡帕多西亚
  - 72 科尼亚

图标		酒店价格	餐厅价格
	当地锦囊	¥¥¥ 超过100欧元	¥¥¥ 超过50欧元
★	必游景点	¥¥ 50~100欧元	¥¥ 25~50欧元
●●●●	体验土耳其	¥ 低于50欧元	¥ 低于25欧元
	远眺点	提供两顿餐食的两人间	包括主菜、配菜以及饮料的一餐
	适合环保、生态旅游		
(*)	拨打需付费的电话号码		

目录

76 东南安纳托利亚地区
- 77 迪亚巴克尔
- 80 尚勒乌尔法
- 81 凡城

84 黑海海岸
- 84 阿马西亚
- 86 萨夫兰博卢
- 87 锡诺普
- 89 特拉布宗

92 独特体验之旅
- 92 土耳其最美之旅
- 98 沿着石头的轨迹
- 102 在海滩、集市和山神之间
- 105 短暂拜访黑海海岸

108 户外活动

112 带着孩子旅行

116 每月节庆与活动

118 旅行随时查

120 实用信息

126 教您当地话

130 索引

136 禁忌事项

信息检索
历史事件表→P.10
特色美食→P.30
"蓝色之旅"的起源→P.41
书籍/电影→P.48
"蓝色之旅"→P.101
节庆日→P.117
它们值多少钱→P.121
货币汇率→P.123
伊兹密尔天气→P.124

地图标注
（折页A-B2-3）：折页地图上的位置
（折页a-b2-3）：折页地图中附加地图上的位置

欢迎来到土耳其

土耳其的国土面积比青海省的面积稍大,充满着美丽和尴尬。几个世纪以来,土耳其一直吸引着游客前往。它处在欧洲、亚洲和非洲大陆之间的地理位置既体现了它迷人的魅力,也体现了它的尴尬。这个国家必须一次又一次地去化解这种尴尬的局面而努力。拥有奋发向上的年轻人口、关于现代化无休止的辩论以及雄心勃勃的发展是这个国家在21世纪的特色。

人们没有察觉到的是,土耳其的旅游业正在经历着一场巨变。老旧的酒店在忙着添置新的先进设施,此外还出现了众多别致的精品酒店、民宿、城市公寓和豪华别墅。远离"一站式服务",推广高档的个人旅游是土耳其旅游业的经营理念。在土耳其旅游,人们可以有很多选择:从山区的生态农场到自带沙滩的隐蔽豪华度假村。如果沿着东西轴线旅行的话,可以从欧洲一侧的色雷斯良田通过爱琴海沿岸的浪漫海湾到达安纳托利亚(Anatolien)高原积雪覆盖的山丘,穿过肥沃的山谷到达东部边境的库尔德人聚居的山区。如果人们想要到达地中海南部

上图:地中海沿岸凯梅尔美景

土耳其

拜占庭帝国最大的教堂——伊斯坦布尔的圣索菲亚大教堂

海岸的海滩,就要从北到南由黑海(Kara Deniz,英文为Black Sea)边的山坡穿过广阔的安纳托利亚草原以及卡帕多西亚,到达托罗斯山脉(Taurusgebirge)的山脊。几千年来,安纳托利亚一直受到不同文化和宗教的影响——在通过土耳其的途中,旅客经常选择与古代军队或丝绸之路上的商队相同的路线。至今,赫梯人、希腊人、罗马人、拜占庭人、塞尔柱人、蒙古人,以及奥斯曼帝国都在安纳托利亚留下了自己的痕迹。

游客向往那长度超过4000千米的爱琴海和地中海海岸线,那里拥有着美丽

- **大约公元前7000年** 小亚细亚迎来了第一批定居者。
- **公元前700年** 希腊人开始移居西海岸。
- **公元前133年** 罗马开始统治小亚细亚。
- **公元395年** 罗马帝国分裂成东、西两部分,君士坦丁堡成为东罗马帝国首都。
- **1453年** 穆罕默德一世占领君士坦丁堡,将其改名为伊斯坦布尔。
- **1453—1683年** 奥斯曼帝国扩张,文化繁荣。

欢迎来到土耳其

的海湾和干净的海水。大自然爱好者在这里会发现各种动植物。海龟科最大的成员——蠵龟在海滩边孵化筑巢。这里也有可供远足的丘陵和山区,并且为冬季运动爱好者提供了越来越多的滑雪胜地,地中海沿岸也为潜水爱好者提供了绝佳的潜水区。土耳其对于历史爱好者来说是一个巨大的露天博物馆。即使在希腊,也不能像在小亚细亚一样欣赏到如此多的古希腊古迹。此外还有教堂、拜占庭皇帝的宫殿和城堡(4—15世纪)以及奥斯曼帝国时期的宏伟建筑(16—19世纪),例如在伊斯坦布尔和埃迪尔内(Edirne)由宫廷建筑师希南所设计的宏伟建筑——清真寺,以及位于科尼亚的伊斯兰宗教学校。

土耳其为基督教朝圣者提供了众多的目的地。耶稣的信徒在靠近叙利亚边境的安塔基亚(Antiochea/Antakya,古名"安条克",是古罗马三大城市之一)叫作"基督徒",传教士保罗由此开始了他的使命。据说玛利亚和使徒约翰在以弗所去世。早期的基督教团体藏身在卡帕多西亚的凝灰岩洞中以躲避罗马人的迫害。

> 古代和早期基督教。

今天,8000万土耳其人因能自给自足而感到自豪。您在市场上所看到的绝大部分产品都是他们自产的。尽管如此,小农的繁荣还没有到来:种子和肥料变得越来越贵;他们无法与大型超市的倾销价格相竞争。工业取得了进步:无论是手机、家用电器、电脑、汽车还是男士时尚——"土耳其制造"的标签都不

- **1683年** 奥斯曼帝国开始衰落。
- **1876年** 第一部宪法颁布。
- **1914—1918年** 第一次世界大战中奥斯曼帝国加入同盟国,与协约国作战,最终战败。
- **1919—1922年** 面对协约国瓜分土耳其的狂潮,凯末尔领导人民抵御外侮。
- **1923年10月29日** 土耳其共和国建立。
- **1923—1938年** 凯末尔改革。

土耳其

再受到嘲笑。与之相反，近年来土耳其一直是欧洲最具活力的经济体，GDP年增长率约为7%。然而，这并不意味着

> **城市在崛起：新兴城市伊斯坦布尔。**

收入的公平分配和低失业率：土耳其的贫富差距大于欧盟平均水平。

土耳其最大的城市伊斯坦布尔像欧洲的大都市一样繁华。这座充满活力、拥有1200万人口的城市每年持续增加约10万居民，并且几乎每个月会开工建造一座新的摩天大楼。伊斯坦布尔将成为一个强大的金融中心，业务范围从巴尔干半岛到波斯湾。但是，伊斯坦布尔的飞速发展也拉大了土耳其富裕的西部和贫困的东部之间的贫富差距。除了加济安泰普（Gaziantap）、开塞利（Kayseri）、梅尔辛（Mersin）以及科尼亚等"安纳托利亚之光"之外，土耳其东南部的库尔德地区发展较为缓慢。尽管如此，库尔德人中依然出现了名副其实的中产阶级，他们不再希望脱离土耳其。

虽然在土耳其的西部大都市，上层阶级的平均收入已经平稳趋于中欧水平，但是在东部大城市以及全国的郊区，贫困仍然随处可见。这导致许多人坚持部分陈旧而过时的价值观，其中包括传统的父权制，他们对荣誉的理解是一种基于宗族结构的思想。安纳托利亚东部的村民对社会的理解与城市的、世俗化的中产阶级形成对比，后者感觉更接近柏林人或巴黎人。在伊斯坦布尔，后者可以像

- **1952年** 加入北大西洋公约组织。
- **1960年/1971年/1980年** 军事政变。
- **1974年** 土耳其入侵塞浦路斯。
- **2002年** 正义与发展党（AKP）执政。
- **2005年** 启动加入欧盟的谈判。
- **2013年** 抗议伊斯坦布尔格兹公园的建设。
- **2014年** 埃尔多安当选总统。

欢迎来到土耳其

滑翔伞探险·在费特希耶附近的海湾上空进行双人跳伞

在柏林、法兰克福或罗马一样,生活在一个国际化的、受过良好教育的中产阶级社会中。长期以来,中产阶级一直是改革的中坚力量,为土耳其加入欧盟的谈判铺平了道路。

> 一个转型中的国家。

传统思维的复兴导致了几乎所有生活领域的文化斗争:不仅涉及头巾和禁酒方面的争议,还涉及加强传统观念。如今土耳其正处于以下阶段:在偶尔爆发的尖锐冲突过程中实现东西方相结合的发展,这也与其地理位置相适应。

因此,请在旅行时抛下一些长期存在的偏见,由此您会发现一个令人惊讶的土耳其!

当地锦囊

从所有的当地锦囊中,我们为您挑选出了15条最棒的旅行建议。

当地锦囊 ▶ 尽情享受

吃完鱼后最棒的甜点:哈尔瓦甜点。您可以在博德鲁姆半岛格姆斯吕克酒店的海边餐厅找到它(见上图)。→ P.39

当地锦囊 ▶ 原始河流

对于漂流爱好者来说,河流冒险之旅不可错过。原始的乔鲁赫河是土耳其最好的漂流地之一(见下页图)。→ P.110

当地锦囊 ▶ 新鲜鱼类

马纳夫加特瀑布位于安塔利亚与阿拉尼亚之间,在雷鸣般声响的壮丽背景下生活着许多鳟鱼。这些鳟鱼品尝起来非常美味。→ P.57

当地锦囊 ▶ 拥有水下城市的村庄

在迷人的海滨小村卡乐其,您可以潜入被地中海淹没的城市废墟中进行探索。→ P.63

当地锦囊 ▶ 烟斗雾气

伊兹密尔凯梅尔阿尔特市场上出售的手工水烟袋,是极具装饰性的纪念品。→ P.49

当地锦囊 ▶ 自制黏土碗

如果您想尝试一次自制黏土碗的话(有一定的难度),可以去卡帕多西亚的陶瓦村阿瓦诺斯,在专业人员的指导下实现这一愿望。→ P.70

当地锦囊 ▶ 策马奔腾

对于骑马爱好者来说,位于安纳托利亚中部的格雷梅的汗血马骑马中心可以实现如下梦想:策马飞驰并穿过卡帕多西亚锥形的凝灰岩超现实景观,在那里,人们会感觉仿佛置身于另一个星球。→ P.71

当地锦囊 ▶ **首都最佳烤肉串**

您可以在安卡拉美味的苏达凯巴普餐厅享用美味的烤肉串。→ P.99

当地锦囊 ▶ **住在蜂巢中的人**

直到今天,哈兰的蜂巢状泥屋仍是炎热季节最明智的居所。→ P.81

当地锦囊 ▶ **沙漠商队停歇的驿站**

您可以在过去沙漠商队停歇的驿站——位于迪亚巴克尔的苏鲁克鲁·汉餐厅品尝到土耳其东南部最好的葡萄酒,该酒的每一滴都是手工酿造的。→ P.79

当地锦囊 ▶ **气派的庄园**

在位于萨夫兰博卢的时尚的哈武兹卢·阿什马扎尔·科纳伊庄园酒店里,您可以在繁茂的核桃树下享用早餐。→ P.87

当地锦囊 ▶ **古迹、美食与畅游**

在距安塔利亚50千米的桥峡谷国家公园,您可以看到古罗马石桥。欧里梅敦河边有多家餐厅供您选择。您还可以在清澈的河水中游泳。→ P.60

当地锦囊 ▶ **以弗所的古典艺术**

在被修复后的绝妙古城中,沉醉于咏叹调般的历史中。→ P.51

当地锦囊 ▶ **圣彼得石窟**

据说,使徒圣彼得在安塔基亚的石窟庄严的圣诞弥撒上成立了第一个基督教团体。→ P.103

当地锦囊 ▶ **在高山牧场度假**

在黑海沿岸的高山湖泊——长湖边的小木屋中度假,宛如置身于瑞士高山牧场。→ P.91

体验土耳其

免费畅游
既省钱,又能发现新事物

省钱有道

● **寻找色彩斑斓的蝴蝶**
　　位于海边的蝴蝶谷离费特希耶不远,无数蝴蝶在谷中飞舞。这个拥有美丽海滩的山谷给人带来一场视觉盛宴。您可以乘船或步行轻松前往。→ **P.62**

● **拜访土耳其国父陵**
　　土耳其最著名的陵墓——土耳其国父陵,位于安卡拉的中心。这是共和人民党创始人凯末尔的陵墓。新古典主义纪念碑是土耳其共和国的"朝圣之地",游客可以免费进入。→ **P.68**

● **古老的人类遗迹**
　　20世纪,英国考古学家在加泰土丘发现了一个古代人类居住区遗迹。这一居住区大约形成于公元前9000年,游客只需花费1欧元就可以进入这一美妙的露天博物馆。→ **P.75**

● **蓝色清真寺**
　　清真寺一般是不需要付钱就能参观的景点之一。蓝色清真寺位于伊斯坦布尔圣索菲亚大教堂的视觉轴线上,代表了奥斯曼帝国的全盛时期(左下图)。→ **P.45**

● **迷人的城堡**
　　当您站在土耳其最东边的一个小山上,眺望阿勒山以及土耳其与伊朗的边界,您会看到那里矗立着由伊沙克帕夏王子建造的迷人的伊沙克帕夏宫。您只需花费一点钱就可以进入这个神奇的地方。→ **P.83**

● **易卜拉欣石窟**
　　游客可以免费进入位于尚勒乌尔法的易卜拉欣(犹太教、基督教称为亚伯拉罕)石窟。→ **P.80**

本色土耳其
不容错过的特色体验

● **传统的大巴扎**

带有屋顶的集市是东方国家的发明,参观集市本身就是一种体验当地生活的方式。在安纳托利亚的每个大城市中,都能找到一个集市区。始建于1461年的伊斯坦布尔大巴扎,被认为是世界上最大的市场。→ P.45

● **漫步**

土耳其有几千千米长的海岸线,海边住宅数不胜数。每个人都有自己中意的长廊。晚上,人们可以在长廊上一边散步一边嗑葵花子。最美丽的是伊兹密尔的长廊(右图)。→ P.49

● **野餐**

土耳其最受欢迎的休闲项目是烧烤,对于野餐来说,一个小草坪就足够人们进行烧烤了。您还可以在餐厅——如马尔马里斯的海滩餐厅迈阿密里亲自烧烤所选的肉类。→ P.64

● **新鲜的鱼类**

在土耳其,吃鱼不仅仅是为了填饱肚子,更重要的是配上一瓶拉克酒与朋友谈天说地。在费特希耶海港长廊上全国知名的鱼主题餐厅"新世界"里,您可以尽情享用美食、美酒。→ P.61

● **特色水烟**

在过去,水烟袋几乎被遗忘,而如今它又在土耳其流行起来。土耳其有各种口味的烟草,您可以在品尝后享受它们带给嘴巴的感觉。在尚勒乌尔法的西瓦尔克努克艾维酒店的庭院中,您可以在历史悠久的环境里尽情享受水烟。→ P.80

● **时间之旅**

土耳其有131个古老城市,它们等待着人们的发现和挖掘。专家对伊兹密尔附近的古希腊城市以弗所进行了大面积挖掘并且对部分地区进行了重建——这是土耳其之旅的一大亮点。→ P.51

本地特色

雨天游玩
下雨天，也美妙

● 美杜莎之首
下雨的时候，进入伊斯坦布尔的地下世界会有惊人的发现。地下水宫殿是一个拜占庭时期的蓄水池，美杜莎头部的石柱会使人胆战心惊。→ **P.46**

● 希腊亮点
土耳其有许多考古博物馆，但安塔利亚的考古博物馆为该地区的许多希腊考古遗址提供了特别的亮点。→ **P.57**

● 水下展览
位于博德鲁姆的水下博物馆是土耳其唯一的水下博物馆，并且提供了一个非常有趣的展览：从海中发现的文物（左图）。→ **P.36**

● 东部的古老集市
位于尚勒乌尔法的古老集市完全被顶棚覆盖，魅力无穷。如果没有雷阵雨的话，您可以漫步于小巷中。小巷两旁都是地毯经销商和制造铜水壶的铜匠。→ **P.80**

● 躲入沙漠商旅驿站
就像500年前一样，您今天仍然可以在迪亚巴克尔这样做：在天气恶劣的情况下躲入沙漠商旅驿站中。这个被修复的建筑设有一间餐厅和一间酒吧，音乐家会时不时地表演当地传统音乐。→ **P.79**

● 卡雷尔城堡
安卡拉市长竭尽全力修复古老的城堡。如今的城堡是美丽、壮观的，在这里可以体验当地的文化和美食。天气恶劣时，值得绕道来此一游。→ **P.68**

休闲之所
深呼吸，尽情享受，忘记烦恼

放松身心

● **宛如新生**

在土耳其，传统的休闲场所是Hamam，即土耳其浴室。经过几个小时的出汗、洗浴和按摩之后，您离开土耳其浴室时会像新生儿一样。伊斯坦布尔苏莱曼尼耶清真寺后面的奥斯曼浴场值得体验（左下图）。→ **P.47**

● **远离大海的沙滩度假**

伊斯坦布尔以南的布尔萨的著名温泉浴场可以使您放松身心。布尔萨的温泉浴场在古代就已经很有名。如今，那里很多酒店都提供温泉浴，例如切里克帕拉斯温泉酒店。→ **P.40**

● **棉花堡**

白色的钙华蔚为壮观。在土耳其的棉花堡，您可以在露天游泳池的温水中沐浴。→ **P.53**

● **云中的寂寞**

爱迪尔高原几乎直入云霄，看起来宛如耸立在黑海之上。在伯格霍夫·莉莉戈姆的自然天堂中，您可以享受天空下的孤寂。→ **P.90**

● **泥浴**

克伊杰伊兹湖是最受欢迎的泥浴地点。人们可以从达利安乘船到达此地。泥浴被认为是一种治疗手段，这就是为什么您在去往该地的途中会遇到许多满身黑色但容光焕发的人。→ **P.65**

● **与世无争**

建议寻求在自然和宁静中放松的人在秋天即旅游旺季之后，在卡乐其的卡莱民宿预订一间房。这个小村庄位于卡什风景如画的海岛的中部，只能通过水路到达，是一个与世无争的地方。→ **P.64**

潮流之选

1 东西碰撞

潮流 土耳其的时尚之源总能体现在侯赛因·卡拉扬（Hussein Chalayan）的设计上，她的设计在世界范围内取得了巨大的成功。服装店V2K Designers（🏠 Abdi Ipekçi Cad. 31，Nişantasi，İstanbul @ www.chalayan.com），以及Arzu Kaprol（🏠 Arzu Kaprol Showroom，Muallim Naci Cad. 93-95 Armona Denizcilik Binası，1. Stock，Beşiktas，İstanbul @ www.arzukaprol.com）成功地创造了东西方之间的平衡之美。这位著名的时装设计师因为自己的经典系列一直来往于巴黎和伊斯坦布尔。杜乃尔（Tünel）的加拉达石塔（Galata Turm）周围到处是设计师商店：年轻的土耳其时装设计师们正在贝尔斯多·贝尔萨大楼（Bilstore Bilsar Binası，🏠 Meşrutiyet Cad. 90，Beyoğlu）销售他们的产品。

2 在街道上

烹饪 在伊斯坦布尔的饮食烹饪学院（@ www.istanbulculinary.com），您可以一整天向主厨学习烹饪（不仅是土耳其美食）。贝伊奥卢（Beyoğlu）的后面是隐蔽的迷你街区和市场。土耳其美食团队（@ www.turkishflavours.com）向您展示其实力（图2）。

3 时尚

设计酒店 私人精品酒店已经不再是最新的热潮了，安塔利亚周围宽敞的设计型酒店才是时尚。SU酒店（🏠 Dumlupınar Bulvarı，Konyaalti）的外观被未来主义的白

色所覆盖，只有酒店正门色彩明亮。皇家亚当夏娃酒店（Royal Adam & Eve，🏠 İskele Mevkii）的外观也色彩丰富（上页图3）。酒店中巨大的游泳池一定会给您留下深刻的印象。在游泳池中可以直接眺望大海。在伊斯坦布尔，设计型酒店也得到了重视。Lush 酒店（🏠 Sıraselviler Cad. 12）拥有35间独立客房。

读书热潮

杜乃尔 土耳其籍作者近些年来在欧洲范围内取得了一些成就——这也广泛地激起了民众的阅读兴趣。与此同时，阅读角已经成为咖啡馆的一部分。咖啡馆提供来自世界其他国家的报纸，邻桌也会出现关于文学的热烈讨论。这个潮流的中心是伊斯坦布尔的杜乃尔区。在杜乃尔区，知识分子们在ADA（🏠 İstiklal Cad. 158a @ www.adakitapcafe.com）（图4）会面，在那里人们不仅可以埋头读书，还可以遇到很棒的人。荷马书店（🏠 Yeni Çarşı Cad. 12/A, Galatasaray 📞 0 21 22 49 59 02 @ www.homerbooks.com）拥有许多精选的艺术、考古和历史书籍。

在自行车上度假

骑自行车游览 无论是在吕基亚（Lykien），还是在"光之国"（Land of Light）；无论是沿着土耳其里维埃拉（Türkische Riviera）的平坦路段，还是在黑海附近的山区：兴致勃勃地骑着山地自行车或舒适的电动自行车将会带给您非凡的体验。旅行团可以将乘船游览与郊游相结合。您可以在每个度假胜地租到自行车。酒店还提供自行车之旅。

上图：安纳托利亚东部的牧羊人

土耳其面孔

阿塔图尔克

凯末尔的全名为穆斯塔法·凯末尔·阿塔图尔克（Mustafa Kemal Atatürk），他备受土耳其人民尊敬，因为他拯救了这个国家，使其免于分裂，并为共和国开辟了新的道路。第一次世界大战结束后，意大利、法国、英国、希腊和亚美尼亚想要分裂土耳其并使土耳其人待在安纳托利亚中心地带的一小块地方。在凯末尔的领导下，一群年轻的土耳其军官组织起来，开始从黑海沿岸抵抗苏丹和他们分裂土耳其的计划。最初的游击战逐渐发展为一场全国性抵抗运动。在重新获得国家主权后，1923年10月29日，土耳其共和国宣告成立，凯末尔担任总统并且开始了革命的第二部分——国内的彻底改革。1930年，土耳其早于一些西欧国家实施普选制度。凯末尔从瑞士引进了民法，从意大利引进了刑法。一个具有决定性的转折点是用拉丁字母代替阿拉伯文字。1934年，他获得了荣誉称号"阿塔图尔克（Atatürk）"，意为

> 土耳其社会正在迅速发生变化:基本且神秘的背景信息。

"国父"。凯末尔于1938年因肝硬化在伊斯坦布尔的多尔玛巴赫切宫(Dolmabahçe)去世,享年57岁。他令人印象深刻的陵墓——土耳其国父陵,位于安卡拉。

地震

土耳其位于地震带。北部的北安纳托利亚裂谷(Nordanatolische Graben)从埃尔祖鲁姆(Erzurum)附近的东部延伸到希腊边境的萨罗斯湾(Gulf of Saros),是世界上地震最严重的地区之一。1999年8月和11月发生于土耳其西部的地震是该国近百年来最大的灾难,导致18000多人死亡。大地震造成的影响对于百万大

土耳其

都市伊斯坦布尔来说更为明显,因为震中距离伊斯坦布尔不到100千米。2011年10月的一场大地震发生在凡城和埃尔吉斯(Ercis),导致数百人遇难。

家庭

通常您会在餐馆和咖啡馆入口处看到"家庭花园"(Aile Çay Bahçesi)或"家庭沙龙"(Aile Salonu)的标志,这表明为单身者设立的区域与为家庭及夫妻设立的区域完全分开。在大都市的咖啡馆和餐馆设立这种区域之前,简易餐馆和乡村就已经有了这种规则。这种方法保护了女性免受男性骚扰——这种情况经常发生,特别是当一个男人喝醉时。

动植物

土耳其的动植物如同该国的地区一样,种类繁多且特点鲜明。在中欧和巴尔干地区发现的所有物种都能在土耳其找到。在偏远地区仍然生活着狼、豺和熊。在土耳其南部,人们偶

马纳夫加特菜市场的小贩

土耳其面孔

尔会遇见陆龟和各种蜥蜴。令人印象深刻的还有在海域可以观察到的丰富的鸟类。鸬鹚、鹈鹕、苍鹭和鹳（特别是白鹳）夏天会到这里来。秋天，它们将向南迁徙。

妇女

在土耳其，男女在法律上是平等的。自1925年以来，该国一直实行男女同校。自1930年以来，女性就拥有了选举权。因此，土耳其女性参与公共生活是正常的：在大学中女性的比例几乎达到了50%。而且，土耳其妇女权利活动者们正在争取更多权利，例如妇女在议会中的比例。但是，保守的政党和影响力越来越大的一些组织反对这一提议。快速的社会变革尚未影响到保守的农村，在农村地区，妇女往往遭受不平等待遇。

足球

足球是土耳其流行的运动项目。伊斯坦布尔的三大俱乐部：费内巴切（Fenerbahçe）、加拉塔萨拉伊（Galatasaray）和贝西克塔斯（Beşiktaş）几年以前一直是联赛的三巨头，冠军总是在他们之间产生。像特拉布宗体育（Trabzonspor）或布尔萨体育（Bursaspor）这样的安纳托利亚俱乐部成长为强有力的对手。土耳其足球由此变得更加多元化，也得到了更广泛的喜爱。唯一的遗憾是国家队在大型国际比赛中依然表现不佳。女性在足球方面也很活跃：2005年开始举行女子足球联赛，有7支球队参赛。5年后，全国有72个女足俱乐部，共1500名球员。

音乐

无论是歌手夏奇拉（Shakira）还是塔尔康（Tarkan），无论是西洋古典音乐还是土耳其传统乐器吹奏的苏菲之声（Sufi Sounds），在土耳其，音乐随时伴您左右。虽然流行音乐为主流，但土耳其提供了大量的地方特色音乐和音调多样性。受拜占庭和阿拉伯影响的土耳其古典音乐（Türk Sanat Müziği）听起来缓慢庄严，并要求歌手进行大量的声乐训练。相比之下，安纳托利亚和黑海地区的民间音乐听起来更为简单生动，可以在没有管弦

土耳其

卡尔坎的尖塔

乐队的情况下演奏,有一些小提琴、鼓和撒兹(Saz,一种弦乐器)就足够了。您可以用相对较低的价格在好的音乐商店(例如D & R Kette)购买CD。好听的土耳其流行音乐可以在双月(Doublemoon)唱片标签下找到。卡兰·木兹克(Kalan Müzik)唱片公司经常出品优质的民族音乐。爵士乐在大城市也变得越来越受欢迎——伊斯坦布尔、安卡拉和伊兹密尔夏季和秋季都会举办爵士乐盛典。

奥斯曼帝国

　　奥斯曼帝国这一名称源于帝国创始人奥斯曼一世(1299—1326年在位),该帝国的统治从帝国创始一直

土耳其面孔

持续到1922年。帝国统治者前后共计33位,有些人因阴谋或暗杀只执政了几个月。在穆罕默德二世(土耳其称其为"征服者")占领君士坦丁堡之后,从巴尔干到阿尔及利亚的广大地区被苏丹统治了几个世纪之久。奥斯曼帝国在第一次世界大战后灭亡,年轻的共和国试图抹去旧帝国的所有记忆。如今奥斯曼帝国的文化和艺术有复苏的迹象。

政治制度

2017年4月16日以前,根据宪法,土耳其是一个议会制国家。土耳其国民议会在安卡拉的代表、县级市和各市的市长每4年由18岁以上的选民以无记名投票方式选举产生。2017年4月16日,土耳其修宪公投结束,土耳其由议会制转为总统制。

语言

土耳其语是阿尔泰语系的中亚语言之一。土耳其各民族之间相互沟通有一定的困难,但问题不大,可以解决。作为游客,您可以在旅游区和大城市中用英语进行沟通。

经济

21世纪第一个10年的中期以来,土耳其的经济一直处于繁荣期,建筑业和旅游业尤为明显。人均年收入从2003年的4000美元增长到2013年的11000美元左右。这种增长的主要驱动力源自伊斯坦布尔大都市区,其中超过40%的国民生产总值来自这里。此外还有像伊兹密尔、安塔利亚、阿达纳(Adana)、开塞利和加济安泰普这样的区域经济中心。除了每年以10%以上的速度增长的旅游业,工业生产也高速增长。土耳其经济的致命弱点是巨大的能源缺口,石油和天然气主要依赖进口。因此,土耳其在进口上的支出远远超过了出口所带来的收入。

美食

土耳其美食的多样性可以与任何地中海国家相媲美。许多土耳其菜肴的起源可以追溯到早期土耳其民族的游牧时期,例如在黏土炉(Lehmöfen)上烤制的各种面包、酸奶菜肴或羊肉菜肴。

这些传统后来与小亚细亚沿海的烹饪文化与艺术融为一体,特别是在烹饪鱼类方面。在奥斯曼帝国时代,欧洲和北非对土耳其美食的影响进一步加深。来自罗马时代的食谱也证实了这一点。土耳其菜的特色是非常精致,看似简单的菜看要花费很长的时间来准备。看过土耳其家庭主妇准备卷心菜或葡萄叶的人都会明白,土耳其人会在晚上花很多时间在家中或饭店(lokanta)吃主餐。然而,早餐不是那么丰富:通常是白面包配上羊奶酪、橄榄和果酱。午餐通常是喝汤并配一道清淡的蔬菜。

在地中海沿岸的旅游中心,传统美食受到游客的青睐,度假村丰富的自助餐却无人问津。素食主义者在土耳其也能得到满足:沙拉和蔬菜是土耳其菜单中不可或缺的一部分。许多餐馆都是针对素食客人开设的。

对于一些人来说,冷食前菜(mezeler)已经成为土耳其美食最令人期待的部分。在开胃小菜中,您会发现各种各样由橄榄油腌制而成的蔬菜、螃蟹、蛤蜊、鱿鱼圈、切碎的豌豆、时令沙拉和泡芙糕点。您一定

上图:酿柿子椒和烤肉串

不只是烤肉串——土耳其晚餐是一种视觉和味觉的享受。最重要的调料：大量的时间。

不要错过小酒馆里的开胃酒（mezeler der rakı，一种带有茴香味的高级美达利亚特葡萄酒），适合搭配奶油状的奶酪和蜜瓜。土耳其人希望一些菜能保持原汁原味，而不是被酱汁或香料所覆盖。羊肉和牛肉通常是烤或炒，只加少量的香料，几乎不放酱汁。此外，还有沙拉、米饭和碾碎的干小麦（大致切碎的小麦）以及咖啡。除了烤肉片加面包这种改良后的快餐，还有多种烹制肉类的方法。改良后的伊斯坦布尔茄子烤肉串（patlıcan kebabı，在茄子中塞满令人垂涎的碎肉）或者萨奇烤肉（saç kebabı，用平底锅煎制的切片羊肉配蘑菇和西红柿）来自安纳托利亚东部。家禽通常不用烤制的方式烹饪。当然，在沿海地区，鱼类和海鲜在菜单上占主导地位。值得推荐的是鮟鱇鱼、鲈鱼、扁鲹、大菱鲆和金枪鱼。在地中海沿

29

土耳其

特色美食

红辣椒酱（acı）——由红辣椒制成的辣椒酱

炒鱿鱼圈（ahtapot salatası）——用绿橄榄油炒制的鱿鱼圈

洋葱炒肝（arnavut ciğeri）——用洋葱炒制的冷肝片

果仁蜜饼（baklava）——将面团薄薄地铺开，分层码上开心果或核桃，大多非常甜（上右图）

烤鱼（balık ızgara）——不同类型的烤鱼

酿柿子椒（biber dolması）——在柿子椒内填满碎肉和米饭

滋补鱼汤（bugulama）——用洋葱和土豆煮成的鱼汤

香辣肉丸（ciğ köfte）——辣味肉丸（土耳其男士擅长烹饪的菜肴）

哈尔瓦酥糖（helva）——"土耳其蜂蜜"，流行甜点，特别适合在吃完鱼类后品尝

土耳其烤肉饭（iç pilav）——用葡萄干、动物肝脏和豌豆制成的土耳其烤肉饭

肚汤（işkembe corbası）——早上食用的肚汤，酒后喝更佳

比萨烤肉（iskender kebap）——将烤肉片放在面饼上，配上酸奶和黄油

酿茄子（karnı yarık）——在茄子中塞满洋葱和碎肉，趁热食用

奶油香蕉（kaymaklı cevizli muz）——用香蕉切片制成的甜品，包含核桃和自制奶油

煎肉丸（köfte）——这是一道全国流行的菜，由烤制或在锅中煎好的小碎肉丸制成

烤羊排（kuzu pirzola）——烤或者煎的嫩羊排

烤羊腿（kuzu tandır）——石炉烤羊腿

饺子（mantı）——用大蒜、酸奶和新鲜薄荷叶制成的水饺

奶黄（muhallebi）——由淀粉、米粉和米制成的牛奶布丁

乳酪茄子（patlıcan salatası）——绵羊乳酪沙拉和炭烤茄子

沙拉（roca salatası）——芝麻菜沙拉

酥皮糕点卷（sigara böreği）——通常配以羊奶酪和香菜

中东烤肉（siş kebab）——嫩羊肉片配烤西红柿、洋葱和辣椒

美食

随时随地喝茶

岸,您还可以品尝到新鲜的龙虾。北海岸的居民知道40多种黑海沙丁鱼的做法。

甜点也带来了惊喜:其中包含不同品种的酥皮糕点、糖浆、松饼和巧克力布丁。甜品中也有水果:甘甜多汁的西瓜、葡萄和桃子,黑桑葚则很少见。最后您一定要喝上一杯土耳其摩卡咖啡。您可以选择不加糖、半糖或全糖。

土耳其的国民饮料是茶(çay)。它会被装在一个郁金香形状的玻璃杯中端上来。如果您每天没有喝够5杯茶,您就不算到过土耳其。与此同时,土耳其人经常喝速溶咖啡,国际咖啡连锁店也很受欢迎。碳酸饮料或瓶装苏打水被称作su。爱兰(ayran)是一种由水和酸奶混合而成的清凉型饮料。外国葡萄酒仅在高级餐厅提供,当地的葡萄酒品牌是多卢贾(Doluca),餐酒品牌则是Kavaklıdere。啤酒品牌推荐艾菲斯(Efes)。并非所有地方都提供酒精饮料,尤其是安纳托利亚中部和东部城市。

土耳其的餐馆分为饭店(restoran/lokanta)或简易餐馆(meyhane)。Birahane是啤酒屋,女士最好绕道而行。一家典型好餐馆会有很多服务员随时待命。在土耳其当地的烤肉风味餐厅,有用大型烧烤架烤制的烧烤,烧烤架通常位于餐厅中间。当食物味道很好而且服务周到时,人们通常会把消费额的1/10作为小费留在餐桌上。

购 物

在土耳其购物需要时间和精力。然而,在购物时对甜瓜或遮阳帽进行讨价还价的情况闻所未闻——因为这些商品都是固定价格。对真正不赚钱的商品进行讨价还价是一种不礼貌的行为。重要提示:买家永远不应该做第一个报价的人,而且其报价不应低于卖家要价的30%~40%。有时卖家会邀请您喝一杯茶。您要有勇气讲价,而且在讲价时要坚定,但在与卖家打交道时要一直保持友善。在大城市的现代化商店,商品价格非常实惠。

古董

除了铜制品、水烟袋、金银首饰、陶瓷,古董也是土耳其非常受欢迎的纪念品。在普通人眼里,古董就是拥有超过100年历史的物件。原则上,只有附上官方文件才能将古董带出土耳其。在过去,这一流程对于一些游客来说似乎太复杂了——毕竟,在土耳其的许多地方,您甚至不需要挖掘就能找到古董碎片。一位德国度假者因一块不起眼的石头在安塔利亚被拘留,在支付了6000欧元的保释金之后才得以释放。这打消了大多数人偷偷携带古董碎片出境的想法。被收购的古董经过了仔细检查,很少有假的。在考古遗址附近发现的古董硬币大多是真的。

金银

土耳其的黄金符合以下规律:加工越精细,价格越高。无论如何,在旅游路上寻找访问量较少的珠宝商是非常值得的。每日黄金价格是公开的。如果您购买了黄金制品,一定要索要鉴定证书。当白银也非常便宜时,您应该注意查看白银制品内侧或背面的含量印记。

地毯、皮革、古董:想在土耳其集市上讨价还价,必须有耐心和足够幽默。

皮革和棉制品

皮革和棉制品是传统纪念品,但并不是每个地方都能买到上等货。皮革不应染色和有斑点,有厚度但是不应该僵硬:穿着一段时间后,裤子或夹克必须能够像第二层皮肤一样紧贴身体。查看是否有皮革质量标志可以避免买到次品。几乎所有市场都有物美价廉的棉制品。通常,这些棉制品的面料都是天然染制的,并饰有漂亮的刺绣。

地毯

迄今为止,土耳其大部分地毯是用机器编织而成。最好的土耳其地毯来自贝尔加马(Bergama)、科尼亚、开塞利和乌沙克(Uşak)。购买地毯时,您应该注意一下质量特征:结节越多,越有价值。地毯背面图案均匀则是优秀工艺的证明。天然蚕丝比人造丝更有价值,棉花比人造纤维更有价值。通过气味测试——拉出一些纤维并用打火机烧掉,您可以检查地毯中是否混入合成纤维。除此之外,地毯的制作难度也可以通过图案中是否有频繁变化的颜色来判断。在考虑价格时,请记住,1平方米的高品质手工地毯需要大约100天才能编成!

西海岸

土耳其西部的爱琴海沿岸是一个位于古代遗址和美丽海滩之间的迷人世界。从伊斯坦布尔到博德鲁姆,一个多海湾的海岸延伸700千米。人们在腹地种植橄榄、葡萄和烟草。

这个拥有5000年历史的定居点和文化区遍布古代遗迹:特洛伊、以弗所和帕加马只是众多考古遗址中的一小部分。棉花堡的钙华等自然现象同游艇码头、度假村和渔村交替出现。大众旅游尚未渗透到土耳其西海岸各地。

博德鲁姆

(Bodrum)(折页 B6-7)随着旅游业几十年的发展,近年来博德鲁姆(3.5万居民)这个受欢迎的度假地变得更加成熟。博德鲁姆及其周边建有时尚的酒店和餐馆,市政当局更加注重卫生。博德鲁姆吸引了那些希望将负担得起的奢华与爱琴海风情相结合的旅行者。

通过一些曾生活在伊斯坦布尔的作家的作品,古老的哈利卡那索斯(Halicarnassus)、当地的城堡和粉

上图:博德鲁姆的城堡

从伊斯坦布尔经库沙达瑟到博德鲁姆:在这里可以沐浴,有最重要的古代遗址。

刷成白色的房屋在国外声名鹊起。海湾、明亮的城堡和风景如画的海港总是充满着神奇的吸引力。公元前377年,波斯帝国卡里亚总督摩索拉斯(Mausolos)将他的办公地点迁至哈利卡那索斯。他将这个定居点扩建成了一座城市,并修建了一道6千米长的城墙护卫着它。今天我们仍然可以看到该城墙。他的坟墓——摩索拉斯陵墓(Mausoleion)曾经50米高的纪念碑如今只剩下了地基。🕐 每天10:00—16:00 ¥ 3欧元

对于游客来说,这个地方有凉爽的洗澡水、适合航行和冲浪的风力、美丽的海边晚餐和炎热夜晚的舞会。在城堡后面的村庄里有一个面积不大但值得一游的鹅卵石海滩。博德鲁姆的米拉斯(Milas)机场距离市中心约40千米。机场大巴(📞 0252 5 23 00 40)或机场出租车(📞 0252 5 23 00

土耳其

地中海的"蓝色之旅":传统木制帆船

24)帮您安全抵达酒店。

在博德鲁姆的亚日马达斯半岛(Yarimadasi)的上游有许多海湾,其中安静的格姆斯吕克、阿卡雅拉海湾(Akyarlar)、亚勒卡瓦克(Yalıkavak),还有美丽的码头和精致的格土尔克布库(Göltürkbükü)脱颖而出。无论是深入腹地进行徒步旅行,还是在海岸骑自行车、游泳和娱乐,博德鲁姆都能满足您的需求。但是要注意:在7月和8月,该城市的气温很少低于35℃!

景点

博德鲁姆水下博物馆(Bodrum Sualti Arkeoloji Müzesi)

风景如画的中世纪城堡是土耳其第一个也是唯一一个水下博物馆。该馆的玻璃收藏品数量位列世界第四。在这里您可以看到沉船残骸、双耳瓶和珠宝。水下博物馆:周二至周日9:00—19:00,7欧元;卡里亚公主音乐厅(Karia Prinzessinnensaal):周一至周五10:00—12:00,14:00—16:00,大约2欧元;乌鲁布乎恩(Uluburun)沉船残骸:周二至周日9:00—12:00,14:00—16:00,大约2欧元。@ www.bodrummuseum.com

泽基·米伦博物馆(Zeki Müren Museum)

20世纪80年代,演员和歌手泽基·米伦(Zeki Müren,1931—1996年)在博德鲁姆居住。在1980年的军事政变后,他有一段时间被禁止上电视。泽基·米伦是让博德鲁姆具有波西米亚风情的名人之一。如今他的房子被辟为土耳其当代文化博物

西海岸

馆。🏠 Zeki Müren Cad. 11 🕐 每天 11:00—12:30，13:30—20:00 ¥ 大约1.25欧元

美食

博德鲁姆灯塔餐厅（Bodrum Feneri）

法蒂赫·阿里曼（Fatih Ariman）和萨米·卡纳尔（Sami Caner）在马利亚岸边街道尽头的小灯塔旁创建了这家精致的餐厅。该餐厅的游泳池在下午开放。您可以在晚餐时享用开胃酒，听听爵士音乐。美丽的海湾与明亮的城堡将成为您的用餐背景。如需用餐，请您提前预约！🏠 Neyzen Tevfik Cad.，Milta Marina Fener İşletmeleri ¥ ¥¥¥ 📞 0252 3 13 06 68

科卡东（Kocadon）

在经过修复的19世纪石屋内，古老的科卡东家族为您制作美味的土耳其现代美食。露台上有棕榈树和香蕉树。🏠 Saray Sokak 1 ¥ ¥¥ 📞 0252 3 16 37 05

利曼·科夫特西西餐厅（Liman Köftecisi）

利曼·科夫特西西餐厅有种类丰富的美味肉丸，也有素食菜肴。🏠 Neyzen Tevfik Cad. 172 ¥ ¥ 📞 0252 3 16 50 60

自然精髓 ➤ 特兰萨（Trança）

您可以在城堡后面的鹅卵石海滩上用餐。除了鱼类，露台餐厅还供应奥斯曼美食。午餐供应比萨和意大利面。🏠 Cumhuriyet Cad. 32 ¥ ¥¥ 📞 0252 3 16 66 10 @ www.trancarestaurant.com

休闲/运动

"蓝色之旅"（Mavi Yolculuk）★

"蓝色之旅"是指乘坐传统的木制帆船（gulets）旅行，可能持续一天或几周时间。您可以沿着土耳其海岸或希腊岛屿进行旅行。🏠 Barbaros Yachting（Neyzen Tevfik Caddes，Saray Sokak 4）¥ 全膳200欧元/

必游景点

★"蓝色之旅"
乘坐传统的木制帆船进行浪漫的地中海之旅。➔ P.37

★阿索斯
拥有古老的历史、风景如画的爱琴海村庄。➔ P.43

★切什梅
切什梅位于伊兹密尔西边的半岛上，是休闲与健康的乐园。➔ P.51

★特洛伊
海因里希·施里曼在这里发现了古代城镇的遗迹。➔ P.44

★圣索菲亚大教堂
自1935年以来，伊斯坦布尔宏伟的圣索菲亚大教堂已经成为一个博物馆。➔ P.45

★托普卡帕皇宫
奥斯曼帝国的统治从这里开始。➔ P.45

★以弗所
最美丽的古城遗址之一。➔ P.51

★棉花堡
著名的露台式天然泳池中是温暖的泉水。➔ P.53

土耳其

人/周 📞 0252 3 16 39 19（服务中心电话：4 44 39 28）@ www.barbarosyachting.com

潜水

博德鲁姆海岸被认为是一个绝佳的潜水区。🏠 Erman Dive Center（Neyzen Tevfik Cad./Karada Marina）🕐 5月至10月 📞 0252 3 68 95 94（服务中心电话：0532 2 13 59 89）@ www.ermandive.com

夜生活

在博德鲁姆，人们喜欢外出娱乐。最大的露天迪斯科舞厅是可容纳5000人的哈利卡纳斯（Halikarnas，🏠 Cumhuriyet Cad. 132 ¥ 15欧元 @ www.halikarnas.com.tr）。附近有博德鲁姆最古老的音乐酒吧Mavi Bar（🏠 Cumhuriyet Cad. 175），该酒吧的客人素质很高。当地情报 博德鲁姆爵士乐日从5月15日持续至5月31日（🏠 Dr.Alim Bey Cad. 37 @ www.hadigari.com.tr）。从马利亚岸边街道的Küba酒吧可以俯瞰明亮的城堡，该酒吧环境非常优雅（🏠 Neyzen Tevfik Cad. 62 📞 0252 3 13 44 50 @ www.kubabar.com）。

住宿

巴克·潘西扬（Baç Pansiyon）

巴克·潘西扬是博德鲁姆历史最悠久的旅馆之一。虽然它位于内城区，但很安静。该旅馆拥有一个小海滩并可以欣赏到城堡的壮丽景色，是性价比极高的住处。🏠 Cumhuriyet Cad. 16 ¥ ¥ 📞 0252 3 16 16 02 @ www.bacpansiyon.com

古勒特酒店（Hotel Gulet）

这座不起眼的建筑距离市中心1千米，位于城堡后面的穆伦博物馆（Müren Museum）旁。古勒特酒店拥有三个优势：从前面的房间中可以眺望城市和大海、门前50米处有海滩以及价格合理。从古勒特酒店的露台可以到达海边。该酒店共有24间客房。🏠 Cumhuriyet Cad. 177 ¥ ¥¥ 📞 0252 3 16 66 36 @ www.bodrumguletotel.com

博德鲁姆马尔马拉酒店（The Marmara Bodrum）

博德鲁姆马尔马拉酒店拥有当地最美丽的游泳池，并且从该酒店可以眺望城市美景。从水疗中心到网球场，这里应有尽有。这家酒店一共有100间客房。🏠 Yokuşbaşı Mahallesi, Suluhasan Cad.18 ¥ ¥¥¥ 📞 0252 3 13 81 30 @ www.themarmarahotels.com

问询中心

🏠 Barış Meydanı，城堡的正前方 📞 0252 3 16 10 91 @ www.bodrumpages.com，www.bodruminfo.org

周边景点

格姆斯吕克（Gümüşlük）（折页B6-7）

位于博德鲁姆半岛顶端的古老的格姆斯吕克深受航海者和冲浪者的欢迎，并且这里还有一个不错的

西海岸

酒吧。海边的餐厅为您提供美味的鱼。当地特餐 一定要尝尝哈尔瓦甜点！您可以选择住宿在格姆斯吕克酒店。该酒店共有36间客房，其中有6间度假小屋和5间海景房；设有独立的儿童游泳池并拥有一个绿色花园。从博德鲁姆火车站您可以乘坐出租车到达该酒店，距离20千米。🏠 Yali Mevkii 28　¥ ¥¥　📞 0252 3 94 48 28　@ www.otelgümüslük.com

布尔萨

（Bursa）（折页 D3）布尔萨有270万居民，它位于曾经的欧洲到亚洲的商旅路线上。除了贸易和工业，夏季和冬季旅游也成了这座现代化城市的主要特色。您可以从伊斯坦布尔乘船到达这里（¥ 8欧元　@ www.budo.burulas.com.tr）。

在被奥斯曼帝国占领（1326年）之后，布尔萨成为这个不断扩张的帝国的首都。苏丹将古老的布尔萨（根据公元前200年比提尼亚国王普鲁西阿斯一世的名字而命名）命名为Yeşil Bursa（即"绿色的布尔萨"）。许多著名的奥斯曼建筑都铺满了蓝绿色的伊兹尼克瓷砖（İznik Fayencen）。此外，这座位于乌鲁达山山脚下的城市有许多花园和公园，绿色已经成了这个城市的象征。温泉浴场几乎都位于切基热（Çekirge）区。布尔萨拥有一个美丽的老城区，以丝绸加工而闻名。然而，布尔萨最著名的发明是穿在旋转的烤肉铁杆上的烤肉（Döner，字面意思是"旋转"）。乘坐缆车可以登顶乌鲁达山。

东方的辉煌：绿色清真寺丰富多彩的彩陶装饰

土耳其

景点

科扎哈尼（Koza Hani）

500多年来，这座迷人的二层建筑都被用作丝绸贸易中心。在6月和7月，农民带着白色的蚕茧来这里纺丝，成品丝绸在集市或商店出售。建筑前的花园是当地人的热门聚会场所，供应咖啡。🏠 Atatürk Cad.，靠近大清真寺 @ www.kozahan.org

大清真寺（Ulu Camii）

与后来建成的清真寺相比，大清真寺（建于1399年）没有主圆顶，却是它们的20倍大。值得注意的是，这里有8排钟乳石和16世纪喷泉的祈祷壁龛。在它旁边，布尔萨集市的小巷延伸开来。🏠 Atatürk Caddesi

绿色建筑群（Yeşil Külliye）

布尔萨市东部地区是土耳其最重要的奥斯曼帝国墓地。它包括一座清真寺、一座宗教学院（Medrese）和穆罕默德一世的陵墓。穆罕默德一世是这个宏伟的15世纪建筑群的建造者。绿色清真寺（Yeşil Camii）因两个圆顶和内部装饰有绿色彩陶而得名。穆罕默德一世25米高的陵墓（Yeşil Türbe）位于对面的小山上。9个石棺中最大的一个属于苏丹，其余为其家庭成员和高级部属所有。事实上，石棺是空的，死者被埋在地下。在前宗教学校（Yeşil Medrese）里开设了一个土耳其伊斯兰艺术博物馆，展示了武器、衣服、陶瓷和硬币等。🕐 周二至周五8:00—17:00 ¥ 大约1.5欧元

美食

施粥场（Darüzziyafe）

您可以在历史悠久的环境中享用美食：这家不卖酒的土耳其餐厅位于穆拉迪耶清真寺（Muradiye）对面的一家前奥斯曼的乡村厨房内。🏠 Murad Cad. 36, Muradiye ¥ ¥¥ 📞 0224 2 24 64 39 @ www.darüzziyafebursa.com

热番茄酱烤羊肉配皮塔饼（Kebapçi Iskender）

烤肉爱好者们注意了：用酸奶作为 当地招牌➤热番茄酱烤羊肉配皮塔饼 这道菜的酱汁是土耳其人首创的。据称，这道菜是根据其发明者伊茨肯德·埃芬迪（İskender Efendi，即"亚历山大先生"）而命名的。🏠 Ünlü Cad. 7, Heykel ¥ ¥¥ 📞 0224 2 21 46 15

温泉浴场

据说富含硫和铁的水有助于防止风湿病和胆结石的发生。老浴场（Eski Kaplıca）就非常不错（🏠 Armutlu Meydanı, Kervansaray酒店 ¥ 10欧元，附带按摩大约20欧元）。切基热区拥有45℃的温泉水。

住宿

切里克帕拉斯温泉酒店（Çelik Palas Thermal Spa）●

酒店大楼于2009年进行了现代化改造。人们慕名来到该酒店的温泉区：经过修复并设有圆顶的土耳其大理石浴室和47℃的温泉水让游客拥有极佳的体验！这里有健身器材、按摩、生物

西海岸

桑拿以及芳香疗法（温泉水疗 🕐 每天7:00—22:00，请提前打电话预约）。🏠 Çekirge Cad. 79 ¥ ¥¥¥ 📞 0224 2 33 38 00 @ www.celikpalasotel.com

贡鲁费拉温泉酒店（Thermalhotel Gönlüferah）

这家雅致的中档酒店位于切基格温泉区，设有美丽的土耳其浴室和休息室。在休息室中会播放土耳其音乐。酒店共有70间客房。🏠 Murat Cad. 22 ¥ ¥¥ 📞 0224 2 33 92 10 @ www.gonluferah.com

问询中心

🏠 Orhan Gazi Çarşısı 1, Heykel 📞 0224 2 20 18 48 @ en.bursa.bel.tr

周边景点

库玛里克兹克（Cumalıkızık）（折页D3）

第一位奥斯曼部落首领在14世纪建立库玛里克兹克，它离布尔萨只有10千米，很长一段时间都没有被游客注意到。自建立以来，它始终保持原样。这座历史超过700年、拥有大量半木结构房屋的村庄将带您穿越过去几个世纪，来一场时光之旅。您可以在伊斯基·嘎拉（Eski Gara）巴士站乘坐迷你巴士前往该村。

伊兹尼克湖（Iznik Gölü）（折页D-E3）

伊兹尼克湖位于布尔萨东北大约80千米处，周围环绕着橄榄树、果园和葡萄园，西部有野餐和露营地。伊兹尼克湖的东端是伊兹尼克市（Iznik），即古老的尼西亚。那里有迷人的希腊罗马遗址，人们可以在那里购买著名的蓝绿色奥斯曼瓷砖的复制品。可在贝莱科马大酒店（Grand Hotel Belekoma）过夜。酒店有46间客房。🏠 Mustafa Kemal Paşa Mah., Göl Sahili Cad. 8 ¥ ¥¥ 📞 0224 7 57 14 07 @ www.iznikbelekomahotel.com

"蓝色之旅"的起源

"蓝色之旅"起源于1925年：作家切瓦特·沙基尔·卡巴阿赤勒（Cevat Şakir Kabaağaçlı）在流亡期间从布鲁塞尔被送到博德鲁姆。然而，他并不认为这是一种惩罚，这段时间是他生命中创作最多产的阶段。当朋友前来博德鲁姆参观时，作家邀请他们沿着海岸乘船游览。因此，土耳其的知识分子在安纳托利亚发现了希腊人的人文主义遗产。由此，"蓝色之旅"开始了。如今"蓝色之旅"是南海岸最受欢迎的度假形式之一。慢速木制帆船仍然有完整的索具，但主要是用发动机驱动。在船上，厨师负责食物，船长将船停在游客喜欢的地方。主要的出发点：安塔利亚、马尔马里斯、博德鲁姆和费特希耶。

土耳其

布尔萨的滑雪乐趣:土耳其冬季运动区——乌鲁达山

乌鲁达山(Uludağ)(折页D3)

希腊史学家希罗多德(Herodot)将这座山称为西安纳托利亚"奥林匹斯山"。罗马帝国奉基督教为国教之后,僧侣们开始在这里建造修道院。奥斯曼帝国第二任统治者奥尔汗(Orhan,1281—1362年)占领了布尔萨,因此僧侣们又离开了修道院。几个世纪之后,土耳其共和国的成立带来了现代化的繁荣,这里迎来了第一批滑雪者。1933年,乌鲁达山(意为"崇高的山")建了第一条柏油路和第一家滑雪酒店。您可以乘坐缆车(Teleferik,每天8:00—22:00 往返票约5欧元)到达顶部,天气晴朗的话您可以眺望到伊斯坦布尔。除滑雪季节外,该地区树木繁茂,非常适合散步。您可以在有128间客房的阿卡拉地区(Alkoçlar Zone)酒店入住。 2. Gelişim Bölgesi ¥ ¥¥ 0224 2 85 22 88

恰纳卡莱

(Çanakkale)(折页B3)恰纳卡莱市充满地中海风情,达达尼尔海峡(Dardanellen,又名"恰纳卡莱海峡")旁绿树成荫的长廊别有情调。

自古以来,海峡就具有重要的战略作用。这里发生过两场伟大的战斗:荷马(Homer)在《伊利亚特》中提到的特洛伊战争和第一次世界大战中的达达尼尔海峡战役(1915年)。在后者,时任中校的凯末尔名声大振。如果您的目的地是特洛伊、土耳其爱琴海群岛中的格克切岛和博兹贾岛的话,您可以以恰纳卡莱为起点。阿索斯或萨罗斯湾因丰富的鱼类受到垂钓者的喜爱。这里是地中海种植葡萄和橄榄的边界:从加里波利半岛(Gallipoli Peninsula)到博德鲁姆

西海岸

的葡萄和橄榄都已经收割完毕。渡轮每天穿梭于恰纳卡莱和欧洲一侧的埃杰阿巴德（Eceabat）、齐里巴赫尔（Kilitbahir）之间。

景点

参观恰纳卡莱的旅行开始于恰纳卡莱城堡（Çimenlik Castel）。该城堡始建于1462年，用来保卫海峡最狭窄的部分（🏠 Çimenlik Sokak 🕘 每天8:00—19:00 ¥ 1.5欧元），门票中还包括了附属的海军博物馆（🕘 周二至周日9:00—12:00，13:30—19:00）。1889年由犹太商人创办的艾纳尔·恰尔集市（Aynalı Çarşı）位于哈夫拉·索卡克（Havra Sokak）的老犹太教堂附近，该教堂位于城市的旧犹太区，在大部分犹太人移民后只有少数教区居民居住在这里。您可以从钟楼左边的街道离开这里。考古博物馆（🏠 Barbaros Mahallesi, 100 Yıl Cad. 49 🕘 周二至周日8:00—17:00 ¥ 1.5欧元）展示了来自特洛伊、阿索斯和其他岛屿的展品。如果您想感受特洛伊战争的氛围，那么您可以在这里过夜——否则步行半日就足以欣赏这个友好的城镇。

住宿

大木马酒店（Büyük Truva）

该酒店经过翻新，为您提供干净的客房。酒店一共有66间客房。🏠 Mehmet Akif Ersoy Cad. 2 ¥ ¥¥ 📞 0286 2 17 10 24 @ www.truvaotel.com

问询中心

🏠 İskele Meydanı 65，位于机场边 📞 0286 2 17 11 87 @ www.canakkale.dhmi.gov.tr

周边景点

阿索斯（Assos）★（折页 A-B4）

距离恰纳卡莱50千米的阿索斯在很长一段时间内是伊斯坦布尔人的后花园，在夏季，它可能非常拥挤。这里是埃德雷米特湾（Edremit）的明珠。在古代，阿索斯是一个著名的贸易中心，亚里士多德曾在那里学习过3年。公元前6世纪建立的雅典娜神庙（Athene Tempel ¥ 约2欧元）是城镇的最高点。一些旧仓库已被改建成美丽的酒店，阿索斯·纳兹利汉酒店（Assos Nazlıhan）毗邻海港。该酒店一共有29间客房（🏠 İskele Mevkii Behramkale, Ayvacık ¥ ¥¥ 📞 0212 4 44 01 50 @ www.assosnazlihan.com）。

博兹贾岛（Bozcaada）和格克切岛（Gökçeada）（折页 A3）

博兹贾岛因葡萄酒和鱼类而出名。许多伊斯坦布尔人在这里买了房子。法赫里酒店（Fahri）的经典之作是宽敞的客房和美妙的花园。该酒店一共有19间客房（🏠 Namazgah Cad. 9-11 ¥ ¥¥ 📞 0286 6 97 80 96 @ www.hotelfahri.com）。拥有美丽的海滩和繁华夜生活的博兹贾岛发展为别致的精品岛屿，而格克切岛远离尘嚣，为渴望宁静的人们提供了一个天堂。在岛上也适合骑自行车和徒步旅行。巴巴约戈旅馆

土耳其

(Pension Barba Yorgo)位于一个古希腊村庄中,有8间客房(🏠 6 Ap., Tepeköy ¥ ¥ 📞 0286 8 87 35 92 @ www.barbayorgo.com)。海鸟航空(Seabird Airline,19个座位 @ www.flyseabird.com)的水上飞机从伊斯坦布尔的金角湾(又名"哈利奇湾")起飞。您可以乘飞机前往博兹贾岛、格克切岛以及伊兹密尔附近的阿拉恰特(Alaçati)。从盖伊克利(Geyikli)乘坐渡轮前往博兹贾岛(距离恰纳卡莱50千米,乘坐巴士从Garaj站出发),行程30分钟。从恰纳卡莱到格克切岛需1.5小时。更多信息请登录网站 @ www.bozcaada.info 查询。

特洛伊(Troja)★(折页 A-B3)

距离恰纳卡莱20千米的特洛伊以荷马的史诗《伊利亚特》而闻名,它位于爱琴海达达尼尔海峡口的一片宽阔的平原上。公元前3000年,人们第一次在特洛伊定居。自公元前500年起,特洛伊9次被摧毁并得到重建。海因里希·施里曼(Heinrich Schliemann)于1870年开始的挖掘活动由曼弗雷德·科夫曼(Manfred Korfmann)接手,他在该地区被称为"奥斯曼·霍德查",并受到人们的崇拜。曼弗雷德·科夫曼于2005年去世。您可以通过Troy Anzac旅行社游览恰纳卡莱[🏠 Saat Kulesi Yanı ⏰ 每天8:00—19:30(9月至次年3月8:00—17:00)¥ 5.50欧元 📞 0286 2 17 14 47 @ www.troyanzac.com)。

伊斯坦布尔

(İstanbul)(折页 D2)这座拥有1200万人口的城市横跨欧亚两大洲,是土耳其的经济和文化之都,原名"君士坦丁堡"。从4世纪到1453年,君士坦丁堡是拜占庭帝国的首都。奥斯曼人统治君士坦丁堡之后,将其名字改为伊斯坦布尔。今天的伊

希腊人的隐藏游戏——藏匿在特洛伊木马的模型中

西海岸

斯坦布尔是一座迷人的城市，拥有众多的景点、酒店、餐厅，同时还是一个巨大的购物中心——世界名牌应有尽有。您可以选择住在老城区和塔克西姆广场（Taksim Platz）以北。博斯普鲁斯海峡（又名"伊斯坦布尔海峡"）岸边也有精致的酒店和餐厅。

> **从这里出发**
>
> 君士坦丁堡竞技场（折页d4）：东面是托普卡帕皇宫和圣索菲亚大教堂，西面是蓝色清真寺的尖塔。站在这里，您等于站在"历史半岛"上。金角湾将您与博斯普鲁斯海峡分开：左边是欧洲部分——佩拉（Pera），右边是位于亚洲海岸的于斯屈达尔（Üsküdar）。前往君士坦丁堡竞技场：您可以步行至加拉塔大桥或乘坐电车（Aksaray-Kabataş）。

景点

圣索菲亚大教堂（Aya Sofya）★（折页d4）

圣索菲亚大教堂是拜占庭帝国最大的教堂，于537年落成。穆罕默德二世下令将教堂改为阿亚索菲亚清真寺。1935年，凯末尔将这里辟为博物馆。教堂圆顶有18层楼高，直径30米。您可以从一楼开始参观，然后在画廊结束，在那里您可以再一次欣赏到内部的壮丽景色。🏠 Sultanahmet 🕐 周二至周日9:00—19:00（冬季9:00—17:00）💰 大约10欧元

大巴扎（Kapali Çarşi）●（折页c-d4）

漫步于最大的有顶市场或世界上第一个"购物中心"（始建于1461年）是访问伊斯坦布尔时的必做之事：大巴扎有61条街道和4400家商店。主要商品有地毯、皮革、珠宝和纪念品。🕐 周一至周六8:30—19:00 @ www.kapalicarsi.org.tr

苏丹艾哈迈德清真寺（蓝色清真寺）（Sultanahmet CamII）●（折页d5）

苏丹艾哈迈德清真寺是这座城市最著名的清真寺。其名字来源于装饰墙壁和尖塔的2万颗蓝绿色的彩陶。该建筑于1616年由建筑师穆罕默德·阿迦（Mehmet Aga）建造完成。它有6个尖塔，是土耳其最大的清真寺之一。游客只能在非祷告时间参观清真寺（🕐 每天的8:30—12:15，14:00—16:30，17:45—18:30）。女性拜访该寺需要遮盖头部。

托普卡帕皇宫（Topkapı Sarayı）★（折页d-e4）

奥斯曼统治者在托普卡帕皇宫住了400多年，它已经成为这个城市的地标。从1460年起，这个建筑群从宽阔的墙壁后面逐渐延伸，最终形成了一个由绿色的大门和凉亭组合而成的迷人复合体。展出的珍品包括珠宝、陶瓷及先知穆罕默德的武器和遗物。从宫殿的露台上您可以欣赏整个城市。宫殿、后宫和拜占庭神圣和平教堂（🕐 4月中旬至10月：周三至次周周一9:00—18:45；11月至次年4月中旬：周三至次周周一9:00—16:45 💰 15欧元；神圣和平教堂9欧元 @ www.topkapisarayi.gov.tr）闭馆

45

土耳其

前45分钟停止入场。

地下水宫殿（Yerebatan Sarnıcı）●
（折页d4）

宫殿般的拜占庭蓄水池由336根柱子（大部分为科林斯柱式）支撑着，其中2根位于美杜莎的头上。该蓄水池由查士丁尼大帝于532年建造，用于应对水源不足的紧急情况。如今这里也会举办音乐会。
🕐 每天10:00—18:00 ¥ 大约3.5欧元 @ www.yerebatan.com

美食

当地精选▶鱼眼餐厅（Boncuk）（折页d2）

餐厅以一种美味的鱼类菜肴命名。您可以在一个喧闹的、满是餐厅的胡同里找到它。🏠 Nevizade Sokak 19，Beyoğlu ¥ ¥¥ ☎ 0212 2 43 12 19 @ www.boncukrestoran.com

"撒盐哥"牛排馆（Nusr-Et Steakhouse）

凭怪异而流畅的"撒盐"手势火爆全球的"撒盐哥"努斯雷特（Nusret），如今在社交网站拥有千万粉丝，就连好莱坞名流都是他的座上客。身为土耳其人，他开的第一家餐厅便位于伊斯坦布尔。丁骨牛排、羊排、烤肉汉堡、牛肉寿司等都是其招牌菜，除此之外还有当地特色的果仁蜜饼甜点。来到土耳其，不妨去品鉴一下"撒盐哥"的网红料理，相较于迪拜与纽约的分店，这里不仅菜品的价格更为优惠，说不定还能巧遇真人，一睹现场撒盐哥的风范呢！
🏠 Nispetiye Caddesi No. 87 🕐 周一至周日10:00—22:00 ¥ ¥¥ ☎ 0212

大巴扎：超过4000家商店在这里招揽顾客

西海岸

3 58 30 22 @ www.nusr-et.com.tr

鲁梅利伊斯克勒餐厅（Rumelihisarı İskele）（折页 O）

餐厅位于穆罕默德四世雄伟的城堡前的旧码头，是一家优秀的鱼餐厅。水面上的桌子需要提前预订！🏠 Rumeli Hisarı Mah ¥ ¥¥¥ 📞 0212 2 63 29 97 @ www.rumelihisariiskele.com

健康

苏莱曼尼耶浴室（Süleymaniye Hamam）●（折页 c4）

这个由建筑师米马尔·希南（Mimar Sinan）于1550年建造的土耳其浴室是该国最好的浴场之一。如果要去洗浴、去角质或按摩，您需要花费大约90分钟和35欧元。🏠 Mimar Sinan Cad. 20，Süleymaniye-Fatih 🕐 每天10:00—23:00 📞 0212 5 19 55 69 @ www.suleymaniyehamami.com

住宿

尼奥瑞恩酒店（Neorion）（折页 d4）

尼奥瑞恩酒店的优势有：小型、休闲、体贴游客以及位于艾米诺努街区（Eminönü）和苏丹艾哈迈德街区的中间，可以俯瞰博斯普鲁斯海峡。该酒店还有免费的屋顶露台，下午提供自助餐。该酒店共有53间客房。🏠 Sultanahmet，Orhaniye Cad. 14 ¥ ¥¥ 📞 0212 5 27 90 90 @ www.neorionhotel.com

佩拉宫酒店（Pera Palace）（折页 d2）

这座经过翻新的"美好年代之屋"是伊斯坦布尔历史悠久的旅馆。佩拉宫酒店为乘坐东方快车的旅客而建，并拥有传奇的酒吧。酒店位于该市最好的地段之一，共有150间客房。🏠 Meşrutiyet Cad. 52，Tepebaşı-Beyoğlu ¥ ¥¥¥ 📞 0212 3 77 40 00 @ www.jumeirah.com

辛巴德旅馆（Sinbad Hostel）（折页 d5）

位于老城区的辛巴德旅馆价格低廉，拥有干净的房间和92张床。旅馆提供早餐和无线网络。🏠 Küçük Ayasofya Mah.，Demirci Reşit Sokak 1，Sultanahmet ¥ ¥ 📞 0212 5 18 23 05 @ www.sinbadhostel.com

问询中心

希尔顿酒店中的信息办公室

土耳其

🏠 Taksim Platz, Inönü Cad. 📞 0212 2 33 05 92；圣索菲亚大教堂边苏丹艾哈迈德街区的信息办公室：📞 0212 5 18 18 02 @ www.istanbulcityguide.com（活动）、www.biletix.com（门票）、www.hotelguide.com.tr（酒店）。

周边景点

坎利卡（Kanlica）（折页D2）

坎利卡位于博斯普鲁斯海峡亚洲一侧，从那里可以直接眺望水面。该城市以酸奶和摩卡咖啡而闻名。从库兹衮库克（Kuzguncuk）到坎利卡，这些位于亚洲海岸边的地方在很大程度上保留着原本的特色。从艾米诺努街区和贝西克塔斯可以乘坐渡轮到达坎利卡。@ www.sehirhatlari.com.tr

王子群岛（Prinzeninseln）（折页D2）

王子群岛在土耳其语中简称为阿达拉（Adalar，即群岛），以前被拜占庭王子用作流放犯人的地方，现在是伊斯坦布尔人放松身心的经典去处。您在9个岛屿中的任何一个都能度过愉快的时光。其中5个岛屿是有人居住的：比于卡达岛（Büyükada）、雷贝里岛（Heybeliada）、克拿里亚达岛（Kınalıada）、布尔加斯达岛（Burgazada）和瑟代夫岛（Sedef）。卡巴塔斯（Kabataş，欧洲一侧）和卡德柯伊（Kadiköy）及博斯丹奇（Bostancı，亚洲一侧）提供前往岛屿的渡轮、摩托艇和快速双体船等，交通便利（¥ 1~3.5欧元）。您可以在以下网站获取乘车时刻表：@ www.ido.com.tr；www.sehirhatlari.com.tr。

伊兹密尔

（İzmir）（折页 B5）**拥有约400万居民、有着地中海风情的伊**

书籍/电影

《征服1453》：本片是土耳其电影史上耗资最大的影片，战争场面宏大，制作精良，根据历史上奥斯曼帝国苏丹穆罕默德二世在1453年攻陷拜占庭帝国首都君士坦丁堡的历史事件改编。

《爱猫之城》：这部小巧、治愈系"撸猫"纪录片展现了伊斯坦布尔人与猫之间温暖且平等的关系。人与猫都是这座城市的居民，千年来互相依存、和谐共处、亲密无间。

《伊斯坦布尔：一座城市的记忆》：诺贝尔文学奖得主帕慕克的自传体小说，以回忆的方式，用儿童和少年时代作者自身的视角描写了故乡伊斯坦布尔忧郁的灵魂和帝国斜阳的哀伤，记录这座城市在现代化变迁中的挣扎与困惑。

《奥斯曼帝国六百年》：完整呈现了地跨欧亚非庞大的帝国的崛起与衰落，是了解现代土耳其的绝佳入门书。

西海岸

博斯普鲁斯海峡亚洲一侧的坎利卡码头

兹密尔是土耳其重要的港口、商业中心。

伊兹密尔湾是爱琴海最美丽的海湾之一,曾被称为"爱琴海之珠"。如今,伊兹密尔是一个受西方影响的大都市,是沿海地区的工业和商业中心。该市的地标是康纳克广场(Konak Platz)上的钟楼和共和广场(Cumhuriye Platz)上的阿塔图尔克纪念碑。每个来伊兹密尔参观的人都会在几千米长的科顿·波于长廊安静地吃顿饭,然后去散步。人们在纳玛兹加街区(Namazgah)挖掘出了古代的集市。注意:伊兹密尔的许多街道都以数字命名。

景点

考古博物馆(Arkeoloji Müzesi)

这里有极具观赏价值的希腊和罗马时代的珍贵文物。一楼的雕像收藏特别有趣。🏠 Bahribaba Park 🕐 周二至周日9:00—12:00,13:00—17:00 ¥ 3.50欧元 @ www.izmirmuzesi.gov.tr

卡迪费卡累古城堡(Kadifekale)

在帕格斯山上的卡迪费卡累古城堡,您可以享受城市和海湾的美景。该古城堡由亚历山大大帝下令建造,后来在罗马和拜占庭时期经过修缮。

凯梅尔阿尔特市场(Kemeralti Basaar)

凯梅尔阿尔特市场的热闹气氛绝不逊色于伊斯坦布尔的集市。工作坊位于摊位后面。最为著名的是装饰性 当地特产 ▶ 手工水烟袋。在集市区还有这座城市最古老的3座清真寺:可以追溯到16世纪的希萨尔清真寺

土耳其

> **从这里出发**
>
> 康纳克广场:起点是广场上的钟楼。它背后是老城区中心和凯梅尔阿尔特市场。所谓的阿塔图尔克·布尔瓦里线(Atatürk Bulvari)由海边延伸到北方。这里有许多咖啡馆和餐馆。如果您想去阿尔桑贾克(Alsancak)或者巴伊拉克利(Bayrakli)的话,可以前往北部地区的中心——卡尔舍雅卡(Karşıyaka)。在康纳克广场有共享巴士和公共汽车。

(Hisar Camii)、凯梅尔阿尔特清真寺(Kemeraltı)和建于17世纪的萨迪凡清真寺(Şadirvan)。

美食

丹尼兹餐厅(Deniz Restaurant)

丹尼兹餐厅是这座城市最好的海鲜餐厅,拥有绝佳的海景。🏠 Atatürk Cad.188b, Alsancak, Tel. ¥ ¥¥¥ 📞 0232 4 64 44 99 @ www.denizrestaurant.com.tr

马尼萨餐厅(Manisa Köftecisi)

这是一家自1870年起就营业的煎肉饼店。您可以尝一下用土耳其芝士制作的煎肉饼(kaşarlı köfte)。🏠 Kıbrıs Şehitleri Cad. 93a ¥ ¥ 📞 0232 4 64 49 48

夜生活

库柏勒酒吧(Kybele)

这家受欢迎的酒吧在周末提供热闹、有趣的现场音乐表演。🏠 Alsancak 1453 Sokak 28 📞 0232 4 63 68 71

软泥地俱乐部(Ooze Venue)

在该俱乐部,跳舞和玩乐只是抛砖引玉,土耳其词曲作者也会登台表演。🏠 Bornova, Kazim Karabekir Cad. 46 📞 0232 3 88 78 70

住宿

伊兹密尔希尔顿酒店(İzmir Hilton)

该酒店位于舒适的海滩边。屋顶酒吧和餐厅拥有惊人的美景,还有带游泳池的健身区。共有380间客房和9间套房。🏠 Gaziosmanpaşa Bulvarı 7, Alsancak ¥ ¥¥¥ 📞 0232 4 97 60 60 @ www.placeshilton.com/izmi

科尔顿酒店(Kordon Otel)

这家中档酒店位于帕萨波特(Pasaport)街区的长廊上。在朝向海面的客房中,您可以欣赏到海景。共有84间客房。🏠 6 Sui., 1377 Sok. 9, Alsancak ¥ ¥¥ 📞 0232 4 84 81 81 @ www.kordonotel.com

问询中心

🏠 Gazi Osmanpaşa Blv. 1/1 D, 位于以弗所大酒店(Büyük Efes)中 📞 0232 4 84 21 48 @ www.izmir.gen.tr

周边景点

您可以参观以弗所、帕加马或库沙达瑟的古遗址。从伊兹密尔中央火

西海岸

在切什梅半岛的阿拉恰特轻松度假

车站出发，可以乘坐火车到达塞尔丘克（Selçuk）、以弗所。您也可以乘坐巴士前往这些目的地。

切什梅（Çeşme）★（折页 A-B5）

切什梅位于伊兹密尔西边的半岛上，是一个新兴的旅游地。在这里可以进行温泉浴、游泳和冲浪。城市景观的标志是城堡和许多古老的奥斯曼喷泉。您可以选择在萨托设计酒店（Sato Design Hotel，16 Eylül Mah.，3014 Sok. 79 A ¥¥¥ 0232 7 12 28 88 @ www.satodesignhotel.com）住宿。它在阿亚萨兰达（Ayasaranda）海滩附近，有14间公寓、6间客房。利卡（Ilıca）附近有迷人的海滩，该地区以温泉闻名。阿尔通由努斯温泉度假酒店（Altınyunus）的生物热海水浴中心提供疗养服务。该酒店共有474间客房以及57间公寓（Kalemburnu Mevkii，Boyalık ¥ ¥¥ 0232 7 23 12 50 @ www.altinyunus.com.tr）。强烈推荐 当地锦囊 阿拉恰特与迷人的老城区（@ www.alacatiguide.org）。阿里科酒店（Aliko，Tokoğlu Mah.，1005 Sok ¥ ¥¥ 0532 7 35 64 39 @ www.alikootelalacati.com）虽然小，但是很精致，共有7间客房。在Fahrettin Altay Meydanı站台有从伊兹密尔出发的公交车。问询处：İskele Meydanı 8 0232 7 12 66 53 @ www.cesme.gov.tr

当地锦囊 以弗所（Ephesos/Efes）★●（折页 B6）

拜访古代希腊城市以弗所（距离伊兹密尔70千米）的遗址是土耳其之旅的重点之一（4月至10月每天

土耳其

8:30—19:00；11月至次年3月每天8:00—17:00 ¥ 大约10欧元 @ www.ephesos.at）。在古代，这个位于海边、拥有25万居民的城市是重要的经济中心。由于被泥沙淤塞，如今它已深入内陆10千米，靠近塞尔丘克。

建于公元前3世纪的阿苔密斯神殿（Artmis Temple）的遗址堪称奇迹。剧院、健身房、浴室、集市和重建的塞尔苏斯图书馆（Celsus）也很精彩。位于塞尔丘克的1世纪的贵族住宅（⏰ 4月至10月每天8:30—19:00；11月至次年3月每天8:00—17:00 ¥ 大约5欧元）也是值得特意参观的，那里有最大的拜占庭教堂之一——圣约翰大教堂的遗址以及拥有阿苔密斯雕像的考古博物馆（⏰ 每天8:00—16:30 ¥ 约3.50欧元）。位于塞尔丘克·帕穆卡克海滩（Selçuk Pamucak）边的以弗所里士满度假酒店（Richmond Ephesos）是一家五星级酒店，共有255间客房（🏠 Pamucak Mevkii ¥ ¥¥¥ 📞 0232 8 93 10 60 @ www.richmondhotels.com.tr）。问询中心：🏠 Atatürk Mah., Agora Çarşısı 35 📞 0232 8 92 63 28

省钱有道

博德鲁姆：梅哈巴酒店（Merhaba Otel）中可以看到海景和城堡的房间每晚仅售20欧元（单人）或32欧元（双人），含早餐！该酒店一共有12间客房。🏠 Kumbahçe Mah., Akasya Sok.11 📞 0252 3 16 39 78 @ www.merhabaotel.com

库沙达瑟的全景酒店提供仅28欧元的双人间（共32间）。预订10晚则免费两晚。🏠 Haci Feyzyllah Mah, Kibris Cad.14 📞 0256 6 14 66 19 @ www.otelpanorama.com

在伊斯坦布尔博斯普鲁斯海峡的亚当巴巴（Adem Baba）餐厅，鱿鱼、甜点和咖啡只需12欧元。店内总是挤满了人！🏠 Satış Meydani Sok. 2-5, Arnavutköy ⏰ 每天 📞 0212 2 63 29 33 @ www.adembaba.com

库沙达瑟（Kuşadası）（折页 B6）

除了博德鲁姆和马尔马里斯，库沙达瑟（拥有9.5万居民，距伊兹密尔80千米）也是爱琴海的旅游热点之一。除了一些混凝土城堡，库沙达瑟还有很多选择：各种休闲活动、酒店、码头、美味的餐厅和丰富多彩的夜生活。在港口边通常停靠着游轮，给集市商人提供了很多商机。酒店老板热情地欢迎每一位客人。Kazım Usta（🏠 Balıkçı Limanı ¥ ¥¥ 📞 0256 6 14 12 26）是港口的鱼餐厅。Koru Mar酒店（🏠 Gazi Beğendi Mevki iPK 18 ¥ ¥¥¥ 📞 0256 6 18 15 30 @ www.korumar.com.tr）像海边的一个大盒子，但非常舒适，位置优越。

迪迪玛（Didyma）（折页 B6）

距离伊兹密尔约100千米处是另外两处古老的遗址：米利都（Milet）和迪迪玛。米利都曾经是最大的爱奥尼亚城市，有8万居民，以商业闻名。米利都原先位于半岛上，现在深入内

西海岸

陆10千米。迪迪玛距米利都18千米，是土耳其最大的古代寺庙建筑群。迪迪玛阿波罗神庙的神谕非常出名。
🕐 每天8:00—19:00 ¥ 3.5欧元

棉花堡（Pamukkale）★●（折页D6）

代尼兹利（Denizli）附近的棉花堡（音译为"帕穆卡莱"，距离伊兹密尔235千米）是一个迷人的自然奇观：这里有钙化沉积形成的白色梯田状石灰岩盆地。在这里，罗马人早就开始使用35℃的温泉水进行治疗。他们在这里建造了希耶拉波利斯市（Hierapolis）。剧院和北部墓地也非常值得参观（¥ 大约10欧元）。您可以在科瑞酒店（Thermal Hotel Koray，¥ ¥¥ ☎ 0258 2 72 22 22 @ www.otelkoray.com）过夜，该酒店共有53间客房。其他酒店也提供温泉，例如：Colossae温泉酒店（🏠 Karahayit Pamukkale ¥ ¥¥ ☎ 0258 2 71 41 56 @ www.colossaehotel.com），该酒店一共有230间客房。

帕加马（Pergamon）（折页B4）

帕加马古城遗址位于贝尔加马市（拥有100万居民，距离伊兹密尔100千米）北方的一座小山上。这里是帕加马王国的中心（公元前281—前133年），商业和艺术在该地蓬勃发展。这座城市的20万页卷轴综合图书馆非常著名。这里还是羊皮纸的发源地。19世纪末由卡尔·胡曼（Carl Humann）发现的祭坛的浮雕楣现在收藏在柏林帕加马博物馆（@ www.smb.museum.de）。即使没有祭坛，帕加马也有很多令人惊叹的地方，比如卫城（🕐 4月至10月8:00—19:00，

帕加马卫城中的图拉真神殿遗迹

11月至次年3月8:00—17:00 ¥ 大约10欧元）以及斜坡上巨大而陡峭的阿斯克雷皮翁剧院（Asklepion，¥ 大约7欧元）。剧院中有80排座椅，可容纳1.5万人。在考古博物馆（🏠 Cumhuriyet Cad. 6 🕐 周二至周日9:00—12:00，13:00—17:30 ¥ 大约3欧元 @ 0232 6 31 28 83）可以看到雕像和收藏的钱币。红色大厅（Kizil Avlu）是帕加马古老的避难所，矗立在城市中，十分显眼。

南海岸

安塔利亚是土耳其里维埃拉（指地中海沿岸区域）的中心，每年约有1200万游客来这座城市及其周边地区参观。托罗斯山脉的壮丽背景衬托着长长的海滨浴场，塑造了秀美如画的风景。

该地带拥有众多的古代遗迹和沿海区域，即使在假日高峰期也不会失去其魅力。沐浴季节从3月或者4月持续到12月初。土耳其地中海沿岸最精致的部分位于马尔马里斯和安塔利亚之间，即古老的利西亚。在公元前1400年，利西亚的面积是最大的。如今，您可以在"利西亚之路"（Lykischer Wanderweg）上进行探索，例如探索伊兹密尔的布克拉曼尼亚（Buklamania，☎ 0212 2 45 06 35 @ www.bukla.com）。悬崖、半岛、海滩和潟湖在海岸边交替出现。树林经常延伸至水域，隐藏的小海湾有时只能通过碎石路到达。

阿拉尼亚

（Alanya）（折页F7）塞尔柱城堡拥有上千米长的城墙和146座塔楼，它们是阿拉尼亚的象征。如果您想探寻海滩的变幻莫测，那么您可以选择不去观赏2647米高的阿克山（Akdağlar）中田园诗般的山脉。

上图：南海岸秀美的海滩

土耳其里维埃拉深深吸引着喜爱阳光的游客、运动员和文化爱好者。

景点

阿拉尼亚城堡（Alanya Kalesi）

从高耸的城堡西侧可以欣赏到美妙的全景（🕐 每天9:00—19:30 ¥ 大约4欧元）。雄伟壮观的红塔（Kızıl Kule，🕐 每天9:00—19:30 ¥ 大约2欧元）始建于1224年，是一处35米高的八角形防御工事，它具有城市防御的核心功能。另外值得一看的是1227年建的南部塞尔柱造船厂（Tersane）。

当地播享 达姆拉塔什岩洞（Damlataş Mağarasi）

达姆拉塔什岩洞不仅以令人惊叹的美丽而闻名，而且以"有治疗功能"的空气而闻名。进入入口后经过一个50米长、15米高的狭窄通道，便可以进入一个圆柱形的凹洞。石笋和钟乳石有15000年的历史。🕐 8:30—16:30 ¥ 大约2欧元 🚌 在卡尔雷城堡西北角的公交车站可以乘坐小巴

土耳其

达姆拉塔什岩洞奇妙的钟乳石

美食

红塔啤酒厂餐厅（Red Tower Brewery）

这家店集啤酒厂、餐厅、酒吧和音乐厅于一体，同时也开展自酿啤酒的业务。餐厅顶层有可以享受寿司的露天座位（从18:30开始）。港口中央，İskele Cad.80 ¥ ¥¥ 0242 5 13 66 64 @ www.redtowerbrewery.com

住宿

全景酒店（Panorama）

这家四星级酒店坐落在私人海滩上，距离历史悠久的市中心仅400米，设有可以俯瞰到地中海的屋顶露台。从客房的阳台上可以看到大海、游泳池和花园。客房中配备有空调和卫星电视。该酒店共有234间客房。 Ahmet Tokuş Bulvarı 30 ¥ ¥¥ 0242 5 13 11 81 @ www.panoramahotel.com.tr

问询中心

靠近达姆拉塔什岩洞，Damlataş Cad. 1 0242 5 13 12 40 @ www.infoalanya.net；www.lykien.com

周边景点

阿纳穆尔（Anamur）（折页G8）

阿纳穆尔拥有3.5万居民，距阿拉尼亚130千米，是古老的重要港口：希腊人在这里建造了古老的阿纳姆哈尤姆（Anemurium，周二至周日9:00—19:00 ¥ 大约1.5欧元），其遗址在阿纳穆尔以西8千米处，可以参观。13世纪建造的马穆雷城堡（Mamure Kalesi）位于阿纳穆尔以东的海滨（周二至周日9:00—

南海岸

12:00，13:00—17:30 ¥ 大约1.5欧元）。伊斯克勒街区（İskele）有海滩、露营地和小型宾馆。Vivanco酒店非常舒适，共有66间客房。🏠 Kalebidi Meyydanı Bozyazı ¥ ¥¥ 📞 0324 8 51 42 00 @ www.vivancohotelanamur.com

📖 精彩 ▶ 格代韦特山（Gedevet）⚜ （折页 G7）

格代韦特山的高处是与其同名的村庄（距阿拉尼亚20千米），在那里可以欣赏大海的美景。

📖 精彩 ▶ 马纳夫加特瀑布（Manavgat Waterfall）（折页 F7）

马纳夫加特瀑布是一个极受欢迎的旅游目的地，您可以从马纳大加特走水路（河桥上的码头）到达这里。尽管人山人海，但是它仍有自己的魅力：您可以坐在凉快的餐厅里，在瀑布边品尝新鲜鳟鱼。在这里您可以乘坐公交车或者共享巴士到达西代（Side，10千米）或者阿拉尼亚（50千米）。

安塔利亚

（Antalya）（折页 E7）这里是天堂：被同名海湾环绕着的安塔利亚位于海湾最里面，其背后是托罗斯山脉白雪皑皑的山峰；在城市西部，陡峭的利西亚山脉耸立在海面上。

安塔利亚（200万居民）覆盖了从西部古城克桑托斯（Xanthos）和莱图恩（Letoon）到东部阿拉尼亚的宽阔地带。在这里，提供高品质全包式服务的五星级酒店一家挨着一家。

绿色腹地适合远足和旅游；通往高原的大部分山路都是修整过的。蜿蜒的海岸线周围老城区的迷人特色得以保留。如今，许多传统的奥斯曼木制房屋和窑房被改建为小旅馆或精品酒店。罗马人和塞尔柱人在这座城市留下了深深的印记，哈德良门（130年）和凹槽尖塔（1220年）就是最好的例子。

景点

考古博物馆 ●

这个博物馆收藏有丰富的古希腊和古罗马时期的文物，也是少数几个可以看到托罗斯洞穴中史前发现的地

必游景点

★卡莱奇
卡莱奇是安塔利亚的老城区：一颗宝石！ → P.58

★阿斯潘多斯
有保存最完好的古代剧院之一。 → P.60

★爱吕德尼茨
爱吕德尼茨有着著名的海湾：天蓝色的潟湖和白色沙滩。 → P.62

★帕塔哈
帕塔哈的细沙滩长18千米，宽500米。 → P.62

★奥林波斯
带有古老废墟的风景如画的海滩。 → P.64

★达利安
达利安是在岩石坟茔、海滩和芦苇湖之间的可爱村庄。
→ P.65

土耳其

安塔利亚老城区位于天然海港周围

方之一。🏠 Konyaaltı Cad. 88 🕐 4月至10月9:00—19:00;11月至次年3月8:00—17:00 ¥ 大约6欧元

卡莱奇(Kaleiçi)★

卡莱奇的小巷就像一个露天博物馆。特别值得一提的是壮观的哈德良门和安塔利亚的地标——一个带凹槽的尖塔,它位于19世纪建造的钟楼下方。从钟楼广场(Kulesi Saat)沿着Uzun Çarşı Sokak街可以到达古城。在港口边,餐厅一家挨着一家。

> **从这里出发**
>
> 钟楼:锯齿状尖塔上方的钟楼位于城市中心的广场上。您可以沿着Uzun Çarşı Sokak街步行前往古城卡莱奇及酒店、酒吧和咖啡馆,或前往附近的集市。在钟楼,您可以搭乘公共汽车和共享巴士到海滩。美丽的阿塔图尔克公园离海边不远。

来自伊斯坦布尔的苏娜(Suna)和伊南·基拉奇(İnan Kiraç)夫妇一直致力于工业发展,他们和这里的人种学博物馆(🏠 Kocatepe Sokak 25 🕐 周四至次周二9:00—12:00,13:00—17:00 ¥ 大约1欧元 @ www.kaleicimuzesi.com)一起永垂不朽。传统的土耳其房屋经过了大规模修复。花园中的第二座建筑是前东正教教堂,它被用作这对夫妇的私人收藏陈列室。该博物馆隶属于地中海文明研究所。

美食

希萨尔餐厅(Hisar)

该餐厅供应国际美食,并且正对海港。您可以在这里享受美景。🏠 Kaleiçi, Cumhuriyet Cad. 45 ¥ ¥¥¥ 📞 0242 2 43 41 53

茶园

托普哈内(Tophane,🏠 Cumhuriyet Cad)和梅尔梅利(Mermerli,🏠 旧

南海岸

城墙边，Banyo Sok. 25）拥有美丽的海港景色，并提供价格合理的小吃。

休闲/运动

"蓝色之旅"

您可以乘船游览西部的费特希耶，还可以同时游览曾经的利西亚城市卡什和卡乐其。在科克瓦岛（Kekova）附近，您可以进行浮潜。埃切游艇（Ece Yachting）：🏠 Fethiye Fevzi Çakmak Cad./Ece Marina, Yılmaz İş Hanı 23/A 📞 0252 6 14 00 14 @ www.eceyachting.com

漂流

欧里梅敦河（Köprüçay）上有不同难度的野外漂流项目。例如安塔利亚漂流。🏠 Antalya Merkez, Kırcami Mah., Perge Cad./Ömür Apt. 95/3 📞 0242 3 11 48 45 @ www.antalya-rafting.net

夜生活

爱丽舞蹈俱乐部（Ally's）

这家城市中参观人数最多的舞蹈俱乐部位于古老的城墙内。🏠 Kaleiçi, Selçuk Mah., Sur Sokak 4/8 📞 0242 2 44 77 04 @ www.ally.com.tr

詹姆斯乔伊斯酒吧（James Joyce Pub）

这家爱尔兰酒吧连锁店在土耳其有很多分店，例如伊斯坦布尔和伊兹密尔。周末它会变得非常热闹，同时也能带给您舒适的感觉。🏠 Konyaaltı Plaji Arkasi（科涅阿尔蒂海滩旁），414 Sok. 25 📞 0242 2 28 38 02

住宿

诞生酒店（Doğan）

该酒店位于历史悠久的区域，距离海滩和海港100米，设有游泳池和花园，一共有41间客房。🏠 Mermerli Bango Sok. 5 ¥ ¥¥ 📞 0242 2 47 46 54 @ www.pranaresorts.com

马尔马拉·安塔利亚酒店（The Marmara Antalya）

这家别致的海滨酒店拥有一流的运动和健身设施，并且在晚上有迪斯科并播放动画。酒店一共有232间客房。🏠 Eski Lara Yolu 102 ¥ ¥¥ 📞 0242 2 49 36 00 @ www.themarmarahotels.com

问询中心

🏠 Cumhuriyet Cad., Özel İdare Altı2 📞 0242 2 41 17 47 @ www.antalya.de；www.antalya.bel.tr

省钱有道

在Plaj Oteli酒店（🏠 Çirali Plaj Mevkii 2, Kemer 📞 0242 8 25 71 14 @ www.plajotel.com），入住两人间最低只需30欧元。该酒店一共有10间客房，还有带吊床的大花园。您可以于8:00到达卡什的码头，在船上购买船票，10:00就可以出海。5欧元就可以进行一次包含午餐和水果的海上旅程。有各种各样的供应商，例如吕基亚（卡什港）。

土耳其

周边景点

阿斯潘多斯(Aspendos)★(折页F7)

阿斯潘多斯(安塔利亚以东50千米)的剧院(🕐 8:00—19:00 ¥ 大约7欧元)是保存最完好的古代剧院之一,共有30000个座位。在6月,歌剧和芭蕾舞节将在这个舞台举办。值得一看的还有罗马渡槽的遗迹,您走到剧院附近的一座小山上就能看到这个遗迹。

当地锦囊 桥峡谷国家公园(Köprülü Kanyon Mıllı Park)(折页F6-7)

如果您过腻了海滩生活,那么这个景观(距离安塔利亚50千米)是一个不错的选择。在峡谷上部,横跨着一座罗马时代狭窄的石桥。在不断流淌着的欧里梅敦河边建有许多家餐厅。您可以在清澈凉爽的水中游泳。古老的塞格(Selge)剧院🌿(¥ 大约2欧元)遗址位于10千米外一处令人叹为观止的山脊上。@ www.koprulukanyon.com 🚌 可以从安塔利亚的巴士站乘坐巴士前往马纳夫加特或阿拉尼亚,在桥峡谷路口下车,然后乘坐小巴前往贝什科纳克村(Beskonak)或峡谷

佩尔格(Perge)(折页E7)

佩尔格是安纳托利亚最大的古希腊城市之一,如今它是一个令人印象深刻的露天博物馆。这里的体育场曾经被当作角斗场地,是土耳其保存最完好的古迹之一。佩尔格的古代遗迹十分分散,它们已经被分类并等待重新修复,政府仍在寻找出资者。佩尔格经常晴空万里,您需要提前预备好伞或者帽子防晒。🏠 沿着阿拉尼亚方向,距离阿克苏(Aksu)3千米 @ www.muze.gov.tr/perge 🚌 从安塔利亚的Garaj车站乘坐巴士出发

当地锦囊 泰尔莫索斯(Termessos)🌿(折页E7)

古老的泰尔莫索斯位于1000米高的陡峭的石灰岩悬崖之间。该城市被

优越的地理位置:阿斯潘多斯的古代剧院

南海岸

亚历山大大帝称为"鹰巢"。值得一看的遗迹包括一个剧院、集市和一个墓地。🕐 4月至10月9:00—19:00；11月至次年3月8:00—17:00 ¥ 1.5欧元 🚌 您可以在这里乘坐共享巴士到达安塔利亚（30千米）

费特希耶

（Fethiye）（折页 D7）**费特希耶（8.5万居民）及其周围环境特别吸引背包客：数千米长的海滩、文明的遗迹和等待着被发现、基本尚未开发的腹地。**

不像博德鲁姆、马尔马里斯和安塔利亚等主要旅游城市，因为交通不便，费特希耶一直没有得到开发。20世纪70年代，一位同土耳其人结婚的英国女性在爱吕德尼茨的海滩上建立了第一个露营地，吸引了许多背包客。爱吕德尼茨海滩被贴上了"被孤立的天堂"的标签。如今，它仍然是该国最美丽的海滩之一。较为保守的居民早已习惯了从慷慨的客人那里赚钱。在内陆地区还有一个巨大的温室。这个城市有一个大型码头，是前往附近海湾或山谷的吉普车或巴士之旅的起点，如前往埃金奇克湾（Ekincik）或托罗斯山脉的山谷。您还可以在港口预订该地区的游艇之旅。

景点

岩石墓穴 ⚜

参观利西亚式的墓葬非常有意义。这些墓穴被建在郊区陡峭的岩壁上，被认为是同类墓穴中保存最完好的。卡亚大道（Kaya Allee，公交车站附近）的楼梯通向最壮观、最大的岩石墓——阿明塔斯（Amyntas）墓。为了使死者接近神灵，利西亚人将他们葬在很高的地方，而不是埋在地下。

美食

费特希耶餐厅（Fethiye Köfteci）

这家餐厅是港口和集市之间的最佳午餐地点，特色菜是土耳其肉丸和其他肉类菜肴。🏠 Atatürk Cad. 64 ¥ ¥ 📞 0252 6 14 50 05

新世界餐厅（Yeni Dünya）●

自20世纪50年代以来，这家位于海港长廊上的餐厅经受住了考验，一直为顾客提供鱼类特色菜。🏠 Kordon Boyu 27 ¥ ¥¥ 📞 0252 6 14 64 06

住宿

当地推荐 山坡海滩俱乐部（Hillside Beach Club）

这家酒店在自己的海湾中建了与风景相呼应的建筑、大房间，拥有各种高级设施并提供干净的水。该酒店共有330间客房。🏠 Kalemya Koyu ¥ ¥¥¥ 📞 0252 6 14 83 60 @ www.hillsidebeachclub.com

问询中心

🏠 Gegenüber dem Schiffsanleger 📞 0252 6 14 15 27 @ www.fethiye.net

土耳其

周边景点

爱吕德尼茨（Ölüdeniz）★（折页 D7）

世界著名的天蓝色的潟湖距离市中心12千米，湖边有白色闪亮的沙滩，环绕着树木。几乎静止的湖水虽然有些暗淡，但很干净。湖水很深，小孩子不应该在无人看管的情况下在这里游泳。因周围布满了森林，爱吕德尼茨进入大海的地方形成了美妙的蓝绿色。毗邻的贝尔塞奇兹海滩（Belcekız Beach）有许多地方可供住宿。梅尔酒店（Hotel Mer，¥¥ 0252 6 17 00 01 @ www.hotelmeri.com）是镇上最古老、最美丽的酒店，也是潟湖上唯一的酒店。该酒店共有94间客房。您还可以从爱吕德尼茨驾船（¥ 往返7欧元）到 当地精查 蝴蝶谷（Kelebekler Vadisi）。这个海湾的名字来源于一个大型的蝴蝶栖息地，许多蝴蝶在山坡上栖息。这里只有一家可供住宿的酒店（¥ 0252 6 13 14 55；0530 3 02 19 65 @ www.kelebeklervadisi.org），总部在费特希耶。住宿在海边的木制小平房和帐篷中费用更为低廉。每天这里通过发电机供电3次，并提供热水。

帕塔哈（Patara）★（折页 D7-8）

在通往卡什的沿海公路上，您可以看到沙漠与大海好像突然相遇一般。帕塔哈海滩——土耳其最美丽的海滩（费特希耶东南80千米）绵延18千米。沙丘后面是利西亚式的帕塔哈港口的遗址（每天8:00—19:30 ¥ 大约2欧元）：一家剧院、城门和造船厂。海滩上没有建筑。不过，您可以入住共有14间客房的小旅馆—— 当地精查 达耳达诺斯旅馆（Dardanos，¥¥ 0242 8 43 51 51 @ www.pataradardanoshotel.com）。

萨克里肯特峡谷（Saklıkent Cañon）（折页 D7）

深入萨克里肯特国家公园的峡谷，您能看到清澈的河水和泉水。令人印象深刻的自然景观尤其吸引年轻

乘船：在帕塔哈湾乘独木舟旅行

南海岸

人。🏠 费特希耶东南40千米 ¥ 大约2欧元

克讷克村（Kınık）（折页D7）

克讷克村（🏠 费特希耶东南50千米）附近的遗址曾经是吕基亚最重要的城市。值得一看的是所谓的支柱坟墓，如哈比纪念碑（公元前480年左右）：骨灰盒位于独立式基座的顶部。哈耳庇埃（Harpies）是将死者带到天堂的鸟形恶魔。您还可以看到保存完好的古代城墙、剧院和卫城的遗迹。伦敦的大英博物馆藏有著名的涅瑞伊得斯墓碑（Nereidengrabmal）原件。🕐 每天8:00—19:30 ¥ 2欧元

卡什

（Kaş）（折页D8）**卡什（1万居民）是一个相当安逸的海滨小镇，简直集所有爱琴海岛屿小镇的魅力于一身。**

在纪念碑的保护下，希腊式老城区的房屋都设有带顶棚的木制阳台。您可以从海港露台跳入水中，并于晚上在海港的灯光下享用美味的鱼。在土耳其，这个地方很受游客的欢迎。值得一看的是公元前4世纪的海波里奥石棺（Hyposorion Sarkophag）以及城市西部的希腊剧院遗址。由于卡什地区有许多沉船，因此它也是一个受欢迎的潜水区。

美食

梅尔坎餐厅（Mercan）

在梅尔坎餐厅用餐的同时，您可以享受到海港的景色。该店的特色菜是在客人面前烤制的箭鱼。🏠 Yat Limanı ¥ ¥¥¥ 📞 0242 8 36 12 09

住宿

水瓶座酒店（Aquarius）

该酒店拥有美妙的海景、大型游泳池和木制平台，从平台上您可以跳进干净的大海。酒店一共有36间客房。🏠 Ccedilukurbağ Yarımadası 6 ¥ ¥¥ 📞 0242 8 36 18 96 @ www.aquariusotel.com

露卡酒店（Lukka）

酒店提供宽敞的客房（面积为30平方米），配有电视和免费无线网络，并且在海边的岩石上设有户外区。工作人员可以安排漂流和独木舟之旅以及组织滑翔伞或狩猎之旅。该酒店共有18间客房。🏠 Çukurbağ, Bülent Kalkavan Sokak 16 ¥ ¥¥~¥¥¥ 📞 0242 8 36 14 20 @ www.lukkahotel.com

问询中心

🏠 Cumhuriyet Meyydanı 5 📞 024 28 36 12 38

周边景点

卡乐其（Kaleköy）（折页D-E8）

从卡什乘船出发（航程约2.5小时）可以到达渔村卡乐其。海湾中有一个 **音频锦囊▶ "沉没的城市"**：在清澈的海水中可以看到柱子、楼梯和墙壁。这对于潜水爱好者来说简直是一个天堂。卡乐其位于一座中世纪城堡上，长期以来不被外人所熟知。如今

土耳其

在夏天,许多短途旅行者白天会来到这里,但他们总是很快便离开。您可以在晚上享受绝对的宁静,但是海水并非一直是温暖的。海边的小旅馆拥有美丽的木制小桥,晚上可以坐在这里吃饭、聊天。向您推荐●卡莱民宿(Kale Pansiyon,¥¥ 0242 8 74 21 11 @ www.kalepansiyon.com),该旅馆一共有9间客房。

奥林波斯(Olympos)★(折页 E7)

被诅咒的废墟遗址(卡什以东110千米)旁有一个美丽的海滩。步行大约1个小时的路程就能到达希腊神话中著名的地点。这里的气体在不断燃烧,就像着了火。在古代,人们认为这里是喷火龙奇美拉(Chimäre)的居住地。鹅卵石海滩:沿着安塔利亚方向前进,距乌鲁皮纳(Ulupınar)方向3千米的突西里(Cıralı)有一块指向奥林波斯的指示牌。

马尔马里斯

(Marmaris)(折页 E7)当夏天来临,港口城市马尔马里斯(3.2万居民)就会变成一个繁华的度假胜地,您可以有多种选择:酒店、度假村、餐馆、体育和休闲活动,甚至是夜生活。

只有在新码头玛丽娜才能欣赏到如画的风景。新码头旁边的老码头位于托罗斯山脉的山脚下,有许多不错的咖啡馆和酒吧,白天的价格很优惠,并且不限制用餐时间。尽管马尔马里斯人山人海,但仍散发着魅力。这里也是探亲博兹布伦和雷沙迪耶(Reşadiye)等山脉、海湾和半岛的起点。在绿树成荫的腹地,您可以嗅到枫香树的香味。这里还有漂亮的露营地。马尔马里斯毗邻博德鲁姆和费特希耶,是"蓝色之旅"的中心。

美食

水族馆餐厅(Aquarium)

该餐厅就位于海港长廊上,无论白天还是晚上,都是一个品尝小吃的好地方。晚上您还可以享用美味的鱼肉。 Barbaros Cad. 55 ¥¥ 0252 4 13 15 22

迈阿密餐厅(Maymi)●

在这家餐厅,除了可以看到大海的美景,还能享用免费躺椅和自助烧烤架。您可以在餐馆内购买肉类自己烧烤。 Uzunyali Cad. 128 ¥¥ 0252 4 17 78 92

休闲/运动

"蓝色之旅"

阿里亚斯(Aryas)是传奇的木制游艇(长18.50米,有4个船舱,带船员,每人每周300欧元起)。乘坐该游艇您可以进行为期一周或两周的海上旅行。阿里亚斯之旅: Yat Limani, Barbaros Cad. 45 0252 4 13 43 58

漂流、徒步旅行

代理商提供不同难度的漂流、徒步旅行。 Camlik Sokak 10/1 0252 4 17 27 20 @ www.alternatifoutdoor.com

南海岸

住宿

格兰德亚兹茨马雷斯酒店（Grand Yazici Mares）

这座大型综合建筑周围有许多绿地，拥有游泳池、网球场等完美假期所需的一切设施。该酒店共有252间客房、159间公寓以及9间套房。🏠 Pamucak Mevkii ¥ ¥¥¥ 📞 0252 455 22 00 @ www.grandyazicihotels.com/mares/en

问询中心

🏠 İskele Meydanı 12 📞 0252 412 10 35 @ www.marmaris-online.com

周边景点

达利安（Dalyan）★（折页 C7）

这个引人入胜的遗址位于达利安河的三角洲（马尔马里斯以东80千米处）。芦苇覆盖的河口和近海滩属于自然保护区：该地区是蠵龟最后一个繁殖地。达利安的住宿以小旅馆为特色。Happy Caretta 旅馆（🏠 Maraş Cad., Kaunos Sok. 26 ¥ ¥¥ 📞 0252 2 84 21 09 @ www.happycaretta.com）位于河上。Gerdas Café 咖啡厅（🏠 Karakol Sok. 4 ¥ ¥¥ 📞 0252 2 84 36 64）是一个德国人开的店，他经常在店内的花园里烤制美味的华夫饼。

从达利安出发，您可以乘坐小型巴士前往附近的克伊杰伊兹湖（Köyceğiz Lake）和同名小镇（约50千米）。从海港出发，您可以乘船前往荒野中间的 ▶当地锦囊▶ 泥浴地点。

达特恰（Datça）和博兹布伦（Bozburun）

马尔马里斯西部延伸到了雷沙迪耶半岛和博兹布伦。渔村达特恰（折页 B7）位于雷沙迪耶（距离马尔马里斯80千米，1.8万居民），拥有一个经过精心修复的老城区。▶当地锦囊▶ 壮观的是从马尔马里斯到博兹布伦的路线，拥有高山全景以及蓝色海湾。只要您多去几次河边，就能发现老梧桐树，并会看到瀑布。目的地博兹布伦（折页 C7）距离马尔马里斯50千米。阿芙洛狄忒海滨酒店（Aphrodite, ¥ ¥¥ 📞 0252 4 56 22 68 @ www.hotelaphrodite.net）共有20间客房，只能乘船或步行到达。或者，您还可以在海鸥公寓酒店（Aparthotel Möwe, 🏠 在市中心 📞 0252 4 56 25 26 @ www.moewe-tr.com）愉快用餐并过夜。

达利安海滩上的小海龟

上图：格雷梅附近的凝灰岩景观

中部安纳托利亚地区

贫瘠的中部安纳托利亚高原与黑海地区的山地森林、南部宁静的沿海地区形成鲜明对比。它的广阔、地表颜色和形状的多样性令游客印象深刻。1000年前，土耳其部落从这里向西迁移。除了童话般的卡帕多西亚，您会发现许多古代文明的痕迹，如赫梯人和塞尔柱人。

安纳托利亚内陆的许多城市在历史上曾经是丝绸之路上的站点或东边其他贸易路线上的必经之处，人们经常会在这些路线上遇到庞大的商队。安纳托利亚最美丽、最奇异的部分是卡帕多西亚，糖罐状的怪石从地面冒出来。在卡帕多西亚和安纳托利亚中部的城市，您会发现完善的旅游基础设施；然而在偏远地区，多数情况下只能依靠运气了。安纳托利亚中部和安卡拉以东供应酒的餐厅越来越少，但酒店内的餐厅通常可以提供酒。

安卡拉

（Ankara）（折页G4）当共和党创始人穆斯塔法·凯末尔·阿塔图尔克决定将安卡拉作为国家的首都时，那里仍然是安纳托利亚中部的一个小镇。在那以后，安卡拉发展为拥有500万居民的大都市。除了政府

首都和辽阔的土地:在安纳托利亚中部的大草原上可以找到一个有千年历史的定居点。

和行政部门,还可以在这里找到现代资本的许多特征:昂贵的商店和社区、多样化的夜生活和文化生活,以及著名的研究机构。3/4的安卡拉人受雇于服务业,所以安卡拉也被称为"一个无聊的官员城市"。大使馆和其他国际机构为这座城市带来了独特的魅力,这一点在盖茨奥斯曼帕萨(Gaziosmanpaşa)和南部山区的钱卡亚(Çankaya)地区尤为明显。

从这里出发

乌卢斯广场(Ulus Platz):从广场出发,沿着一条街道穿过老城区到达卡尔雷城堡。在参观完考古博物馆和阿塔图尔克陵墓(建议乘坐出租车前往这两个地方)之后,您可以前往钱卡亚丘陵(Çankaya Hill):这里有咖啡馆、酒吧、公园和购物中心。人们通常乘公共汽车或出租车到达乌卢斯广场。

土耳其

景点

安纳托利亚文明博物馆(Anadolu Medeniyetleri Müzesi)★

这个建筑群坐落在一座曾经被埋在地下的集市上,展品涵盖了从最早的文明(公元前7000年左右)到古代文化的鼎盛时期,重点是赫梯时期(公元前2000—前1200年)。这些发现全部来自于今天的土耳其,并且都很吸引人。🏠 Gözcü Sok. 2, Atpazar 🕐 5月至9月8:30—19:00,10月至次年4月8:30—17:00 ¥ 大约6欧元 @ www.anadolumedeniyetlerimuzesi.gov.tr

土耳其国父陵(Anıt Kabır)●

土耳其国父陵是安卡拉的标志性建筑。这个巨大的建筑群还是一个公园。它包括一个博物馆,用来展示共和国创始人凯末尔的个人物品。🏠 Anıttepe 🕐 每天9:00—17:00 ¥ 免费

卡尔雷城堡(Kale)★●⚜

卡尔雷城堡大胆地耸立在城市中。当它建成时,人们并不能完全确定自己是否处于7世纪。城堡的墙壁可以追溯到拜占庭时代,奥斯曼人和塞尔柱人多次重建堡垒。蜿蜒的街道与城堡内的奥斯曼木屋曾经形成安卡拉的中心。在拥有商旅驿站的地区,大部分建筑都修建于16—17世纪。在奥斯曼帝国的鼎盛时期,通过安卡拉的古丝绸之路的商旅数量有所增加。在城堡南部有一个著名的马市场(At Pazari),它曾经是主要的集市广场。通往亚洲的海上航线的发现以及欧洲工业革命导致了安卡拉的没落。对于

共和国创始人庄严的陵墓:土耳其国父陵

中部安纳托利亚地区

旧城的修复是出于怀旧情怀。今天，共和国成立90余年后，土耳其人仍然牢牢记得奥斯曼帝国和安卡拉的美好时光。

住宿

迪万卡拉汉酒店（Divan Çukurhan）

这座经过精心修复的17世纪初的商队驿站位于城堡主入口对面，现在是高档的酒店。客房布置典雅。在带有玻璃屋顶的庭院用餐也是一种独特体验。该酒店共有19间客房。🏠 Ulus, Ankara Kalesi, Necatibey Mah., Depo Sok. 3 ¥ ¥¥¥ 📞 0312 3 06 64 00 @ www.divan.com.tr

美食

咖啡屋餐厅（Café des Cafés）

素食主义者的最爱：25年来，这家小酒馆一直位于市中心，是一个曾经非常时尚但是现在趋于普通的酒馆，提供许多无肉菜肴。🏠 Tunalı Hilmi Cad. 83/A, Kavaklıdere ¥ ¥¥ 📞 0312 4 28 01 76

维拉餐厅（Villa）

在这里，您可以在尊贵的氛围中享用意大利美食。该餐厅有自己的品牌瓶装葡萄酒。🏠 Boğaz Sokak 13, Kavaklıdere ¥ ¥¥¥ 📞 0312 4 27 08 38

购物

乌卢斯、克孜拉伊（Kızılay）和卡瓦克勒代雷（Kavaklıdere）拥有现代化的购物中心。切克尔克拉尔·约库苏（Çıkrıkçılar Yokuşu）及其正宗的商店、城堡周边地区和萨曼帕扎尔（Samanpazarı）区提供传统工艺品和纪念品。

米加公寓酒店（Mega Residence Hotel）

这是一家位于卡瓦克勒代雷的优质城市酒店：拥有宽敞的客房、漂亮的花园咖啡厅和餐厅。该酒店共有30间客房。🏠 Tahran Cad. 5 ¥ ¥¥ 📞 0312 4 68 54 00 @ www.megaresidence.com.tr

问询中心

机场问询处（📞 0312 3 98 03 48），市中心的根切克（Gençlik）公园问询处（📞 0312 3 24 04 01）以及乌卢斯的问询处（🏠 Anafartalar Cad.

必游景点

★ **安纳托利亚文明博物馆**
安卡拉的这个博物馆是世界上最大的博物馆。→ P.68

★ **卡尔雷城堡**
安卡拉的城堡和周围的老城区经过精心修复。→ P.68

★ **卡帕多西亚**
卡帕多西亚及其凝灰岩山丘是一处自然奇观。→ P.70

★ **哈图沙什**
赫梯帝国首都的遗迹十分壮观。→ P.70

★ **科尼亚**
梅夫拉纳教团在这个城市成立。→ P.72

67 📞 0312 3 10 04 46）

周边景点

哈图沙什（Hattuscha）★ （折页 J4）

该地距离安卡拉有两个小时的车程（210千米）。100多年前人们发现了哈图沙什遗址。赫梯帝国是公元前1650年左右西亚最重要的帝国之一，帝国的中心是博阿兹柯伊市（Boğazkale）。您可以在这里参观寺庙地基、地下堡垒以及狮门和国王门。刻有楔形文字的残片在曾经作为档案馆的建筑物中被发现。它们在当地博物馆展出（🕐 周二至周日8:00—19:00 ¥ 1.5欧元）。公元前13世纪的亚泽勒卡亚（Yazılıkaya）岩石保护区距离博阿兹柯伊北部2千米，数以计的神像被雕刻在岩石上。奥幕姆莱德（Orum Lider）公交线路将安卡拉与哈图沙什连接起来。

苏克苏自然公园（Soğuksu Milli Parkı）（折页 G3）

苏克苏自然公园位于克孜勒贾哈马姆（Kızılcahamam）附近，占地10.5平方千米（距离安卡拉80千米，在通往伊斯坦布尔的路上）。周末，它是首都人民以及旅行团最喜欢的郊游目的地。该地区更像是一片混合的低地森林（比安纳托利亚高1800米）。野生动物如狐狸、狼、野猪和猛禽是该地区的"原住民"。¥ 3欧元 🚌 从安卡拉公交车站（Ulus）出发

卡帕多西亚

（Kappadokien）（折页 J-K5-6）★卡帕多西亚在内夫谢希尔（Nevşehir）、开塞利和尼代（Niğde）之间的三角地带。

卡帕多西亚是安纳托利亚最奇妙的景观。历经6000万年的时间洗礼，雨、风和河流使其形成一种奇形怪状的凝灰岩结构——这是一种火山碎屑岩。其中有300多个洞穴为早期基督徒提供了藏身地。您可以参观这些洞穴和部分石头小教堂。卡帕多西亚有一个特别美丽的酒店——洞穴酒店，您可以在豪华的洞穴房间过夜。住在该酒店和乘坐热气球越过山谷以及骑马之旅使卡帕多西亚度假成为一种独特的体验。问询处：🏠 Park İçi（在公园中），于尔居普 📞 0384 3 41 40 59 @ www.cappadociaonline.com

周边景点

当地精华 阿瓦诺斯（Avanos）（折页 J5）

这个地方以生产赤土陶壶和花瓶而闻名。游客可以在通往格雷梅的54号街对面的制陶工厂制作陶器。

格雷梅（Göreme）（折页 J5）

在格雷梅的山谷有许多岩石教堂，有些只能通过惊险的楼梯或狭窄的通道到达。在岩石教堂的内部装饰着色彩缤纷的壁画，内容是耶稣的生平。最古老的洞穴教堂可以追溯到5世纪【格雷梅露天博物馆（Freiluftmuseum Göreme）🕐 8:30—17:30 ¥ 大约7欧元；卡

中部安纳托利亚地区

兰伊克·基利斯洞穴教堂（Karanlık Kilise）¥3.5欧元］。天使洞穴酒店（Melek Cave Hotel，🏠 Ünlü Sokak 28 ¥¥ ☎ 0384 2 71 22 23 @ www.melekcave.com）是最好的便捷酒店，位于山崖边，一共有20间客房。Ataman酒店将为您提供优质的服务，一共20间客房（🏠 Uzundere Cad. 37 ¥ ¥¥¥ ☎ 0384 2 71 23 10 @ www.atamanhotel.com）。在格雷梅 当地精、华 ➡ 汗血马骑马中心（Akhal-Teke Horse Riding Center，¥ 在有人陪同的情况下两小时50欧元 ☎ 0384 5 11 51 71 @ www.akhaltekehorsecenter.com），您可以体验骑马的感觉。在卡帕多西亚的独特体验是在日出时乘坐热气球（提供香槟早餐 ¥ 100~120欧元）。具体信息可在天使洞穴酒店查询。

厄赫拉热峡谷（Ihlara Vadisi）

如果没有游览阿克萨赖（Aksaray）东南部的 当地精华 ➡ 厄赫拉热峡谷——一个"圆形和蜿蜒的峡谷"，您千万别离开卡帕多西亚。该峡谷深100米，长14千米，中间有一条岸边长满树木的河流。它的雄伟程度与大峡谷不相上下。在陡峭的山坡上，可以看到许多小教堂的入口。该峡谷有三个山谷入口：一个在中央，有路标指示；另一个位于厄赫拉热村中心的南部；还有一个位于贝利西马（Belisirma）附近的北部。

卡伊马克勒（Kaymaklı）和代林库尤（Derinkuyu）（折页J5）

在卡伊马克勒和代林库尤，8层楼深的地下避难所得以重见天日。这个复杂的避难所拥有厕所、武器库、水库和教堂，部分在赫梯时期已经修建。在遇到危险时，卡伊马克勒和代林库尤的居民可以在这里长期生活。⏰ 每天8:30—17:30 ¥ 每人5欧元

穆斯塔法帕夏（Mustafapaşa）（折页J5）

穆斯塔法帕夏小镇在于尔居普以南6千米通往索安勒（Soğanlı）的

在热气球上鸟瞰卡帕多西亚凝灰岩山丘

土耳其

路上。小镇有许多名胜古迹，如教堂和强大的石屋，曾经是富裕希腊人的避暑胜地。一个14世纪的商队留下的痕迹提醒了我们，卡帕多西亚位于丝绸之路上。在这里，您还可以购买到稀有的 当地 锦囊 ▶ 卡帕多西亚葡萄酒，推荐在达武提（Davuthı）街区的卡帕多西亚酒庄（📞 0384 3 53 50 03）。Club Villa Columba酒店（共有6间客房，🏠 Sümer Sok ¥ ¥¥ 📞 0384 3 53 50 30 @ www.robacolumba.com）为您提供在老城区的住宿。

苏丹里迪自然公园（Sultansazlığı Nature Park）（折页J-K5-6）

该公园在于尔居普以东60千米处，拥有170平方千米的大型沼泽地，中间3个湖泊是近300种鸟类的天堂：鹈鹕、鸬鹚和苍鹭在芦苇带中繁殖。🚌 从于尔居普公共汽车站乘坐迷你巴士

乌奇希萨尔（Uçhisar）（折页J5）

这个地方坐落在内夫谢希尔风景如画的巨大岩石上，拥有一座中世纪的凝灰岩城堡。一名法国人租用了10座修复过的石屋，将其改装成了卡帕多切城堡酒店（Les Maisons de Cappadoce，🏠 Semiramis A.Ş., Belediye Meydanı 6 ¥ ¥¥¥ 📞 0384 2 19 28 13 @ www.cappadoce.com）。您可以在Bindallı餐厅享用美食。🏠 Kaya Hotel酒店旁边，Ürgüp Cad. 📞 0384 2 19 26 90

于尔居普（Ürgüp）（折页J5）

这个小镇是卡帕多西亚探险的理想起点，有完善的交通和住宿条件。塞尔柱国王基利克·阿尔斯兰一世（Kılıç Arslan）的陵墓位于于尔居普最大的山——泰梅尼·泰佩斯山（Temenni Tepesi，即"美好的希望之山"）上，基督教团体也对陵墓表示敬意。900年前，当塞尔柱人征服拜占庭帝国的这个地方时，基督徒被允许在他们的洞穴中生活且基本不受干扰。Alfina酒店（共有32间客房，🏠 İstiklal Cad. 89 ¥ ¥¥ 📞 0384 3 41 48 22 @ www.hotelalfina.com）有岩石房，从那里可以看到城市的郊区。Hanedan餐厅（🏠 Nevşehir Yolu ¥ ¥ 📞 0384 3 41 42 66）位于于尔居普外的一座小山上，提供美食并拥有漂亮的露台。

科尼亚

（Konya）（折页G6）★科尼亚是传统与现代的完美结合，是一个极为卓越的城市。

它是安纳托利亚伊斯兰教的中心，今天宗教仍然在这个城市占据着主导地位。世界著名的梅夫拉纳教团在这里成立，更为人熟悉的是他们鼓励宽容与和平的神秘秩序。该城市的主要参观项目之一是在12月12日——神秘主义者梅夫拉纳·贾拉尔阿德丁·鲁米（Mevlana Celaleddin Rumi）的忌日所举办的"联合之夜"活动。在梦幻之境中旋转的男人给人留下了深刻的印象。

令人吃惊的是，科尼亚是荒芜平原中间的一片绿洲，以绿色植被为特色，水资源由众多水井和小河供给。由于其独特的地理位置，塞尔柱人将科尼亚作为他们帝国的首都。当时修

中部安纳托利亚地区

梅夫拉纳清真寺

建的许多建筑物都保存完好。新的财富是显而易见的。所谓的"安纳托利亚虎"是指来自科尼亚、开塞利及周边地区的商人投资他们自己的地区。精致的购物商场、干净的城市景观和基础设施为这座城市增添了现代感。

> **当地锦囊** 春天,数百万郁金香在科尼亚平原上绽放。虽然它们不能与享受高补贴的荷兰同类竞争并且无法出口,但它们美化了伊斯坦布尔和安卡拉。

景点

阿雷丁丘陵(Alaeddın Tepesı)

科尼亚最大、最古老的塞尔柱清真寺——阿雷丁清真寺(Alaeddin Camii)位于阿雷丁丘陵后面的一个花园里,该花园拥有一个树荫遮蔽的茶园。经过70年的建设,清真寺在1221年——塞尔柱人在小亚细亚统治的鼎盛时期建成。42根古色古香的柱子支撑着木制天花板,祈祷壁龛(mihrab)配有华丽的彩陶,讲坛(minbar)上有珍贵的乌木雕刻。清真寺对面是大卡拉泰学院,现在已经成为收藏塞尔柱时代文物的陶瓷

> **CITY 从这里出发**
> 梅夫拉纳教团:科尼亚的中心是神秘主义者鲁米的陵墓以及邻近的梅夫拉纳清真寺。穿过梅夫拉纳大道,向东您可以前往阿雷丁丘陵,丘陵的后面就是阿雷丁清真寺。丘陵的南面是考古博物馆。所有这些您都可以步行探索。如果您不住在这里,可乘坐公共汽车或出租车前往市中心。

土耳其

博物馆（Büyük Karatay Medresesi，🏠 Alaaddin Bulvari 15 🕐 周二至周日8:30—17:00 ¥ 1.5欧元）。这座1252年的建筑令人印象最深刻。

梅夫拉纳博物馆（Mevlana Müzesı）

梅夫拉纳教团创始人鲁米出生于阿富汗，生活在科尼亚。在13世纪，鲁米通过他的神秘观点和关于和平的讲道获得了许多追随者。博物馆的中心是鲁米的"绿色坟墓"（因锥形屋顶上的绿色彩陶而得名）。博物馆的亮点包括图书馆收藏的30000份手稿以及13—18世纪的地毯和双面壁毯。🏠 Mevlana Cad 🕐 周二至周日10:00—18:00 ¥ 1.5欧元

省钱有道

在拜访赫梯遗迹之前，您应该去博阿兹柯伊地区的Hattusas餐厅品尝一下美味。🏠 Çarşı Mahallesi，Cumhuriyet Meydanı 22 🕐 每天10:00—22:00 ¥ 两道菜的午餐约6欧元

安卡拉的克孜拉伊广场（Kızılay Platz）周围的Karadeniz Yavuz Lokantası餐厅提供美味的自制美食。在周六、周日提供每份7.5欧元的自助餐。🏠 Silahtaraǧa Cad. 220 🕐 每天9:00—21:00 📞 0312 2 11 24 20

在科尼亚，您可以在Şifa餐厅享用切碎的肉以及便宜的肉面包（etli ekmek）。🏠 Mevlana Cad. 50 🕐 每天11:00—22:00 📞 0332 3 52 05 19

美食

哈希苏克如餐厅（Haci Şükrü）

这家烤肉餐厅提供比萨和当地特色菜fırın kebap（在烤箱里烤制）。🏠 Devri Cedid Mahallesi，Cem Sultan Cad. Fuar Sitesi 327a ¥ ¥~¥¥ 📞 0332 3 52 76 23

购物

在库胡里耶街（Cumhuriyet）和阿塔图尔克街（Atatürk Caddesi）之间的集市区，您会发现 <mark>当地搜索▶各种传统工艺品</mark>。

住宿

德德曼酒店（Dedeman）

该五星级酒店拥有各种舒适的设施，包括室内和室外游泳池、桑拿浴室、土耳其浴室和海洋疗法健身中心。该酒店共有207间客房。🏠 Özalan Mah.，Selcuklu ¥ ¥¥¥ 📞 0332 2 21 66 00 @ www.dedeman.com

奥泽卡玛克酒店（Özkaymak）

这家美丽的四星级酒店闹中有静，设有室内游泳池和桑拿浴室。酒店共有108间客房。🏠 Nalçacı Cad ¥ ¥¥ 📞 0332 2 37 87 20 @ www.ozkaymakotels.com

问询中心

🏠 Mevlana Cad. 21 📞 0332 3 21 10 74 @ www.kultur.gov.tr

中部安纳托利亚地区

周边景点

加泰土丘（Çatalhöyük）● （折页G6）

英国考古学家詹姆斯·梅拉特（James Mellaart）在20世纪60年代发掘了加泰土丘。它位于科尼亚东南约40千米处，是人类历史上最古老的定居点之一。大约11000年前，有超过2500人生活在这个面积约50个足球场的定居点。这里水源充足，食物供应相对有保障（通过打猎以及收集野果）。定居点位于两座山之间。到目前为止，大部分地区都已经过挖掘，但西部地区只挖掘过一次。目前的发现已经表明，西部定居点形成比东部晚。西部定居点由密密麻麻的矩形房屋组成，这些房屋由泥砖或夯土建成。不同的房屋高度和楼层确保良好的通风和光线，并形成了一个阶梯状的嵌套，人们可以通过梯子进入房间。房间还配有烟道。

加泰土丘最引人瞩目的地方是在个别房屋内的墙上有绘画和墙壁浮雕。大多数的考古发现可以在安卡拉的安纳托利亚文明博物馆中看到，但现场的小型博物馆也值得一看。您可以通过一条乡村公路到达加泰土丘。
🕐 每天9:00—19:00 ¥ 免费 🚌 可以在哈利勒产品街（Halil Ürün Caddesi）的中央车站乘坐巴士

基齐尔达科莫国家公园（Kızıldağ Millı Parkı）（折页F6）

这个大型国家公园位于科尼亚以西约130千米处、贝伊谢希尔湖（Beyşehir）边，面积为5.2平方千米。在5月至9月，您可以在指定地点进行露营和野餐。🚌 您可以开车或乘坐从科尼亚出发的巴士前往该地

加泰土丘：一个有11000年历史的定居点遗址

东南安纳托利亚地区

土耳其东部边境地区的迷人美景仍然缺少人们的关注。阿勒山等雄伟的山脉与草原、绿色的河谷交替出现。幼发拉底河和底格里斯河是该地区的生命线。在东南部，库尔德人仍占多数。历史上，叙利亚、伊朗和伊拉克边界沿线形成了独特的景观，但呈现更多的是民族和文化的融合：塞尔柱人、阿拉伯人、亚美尼亚人、亚述人和希腊人都曾在这里生活。荒凉的要塞、修道院和教堂常让人想起这些民族和文化。由于此地区局势依然紧张，因此，在旅行途中要分外小心。旅行前，应注意外交部的安全警告。

雄心勃勃的东南安纳托利亚项目（GAP）旨在使落后地区形成蓬勃发展的景象。土耳其政府已为该项目投资320亿美元。在幼发拉底河和底格里斯河上22座水坝的帮助下，1.7万平方千米的土地得到灌溉。由于长达数十年的不稳定，畜牧业几乎停滞，而耕地集中在库尔德土地所有者手中，经济发展仍然缓慢。如今这个地区逐渐变得现代化。

考虑到居民思想较为传统，来这

上图：凡湖的阿克达玛圣十字主教座堂

该国最古老的城市位于人口稀少的东部——以壮丽的山脉为界。

里的游客应该始终遮盖手臂和腿部。此外，建议在主要道路上行驶，并且在较大的城镇过夜。

迪亚巴克尔

（Diyarbakır）（折页 O6）迪亚巴克尔是安纳托利亚东南部库尔德人居住的大都市，拥有160万居民。该城市位于底格里斯河上方的草原中。

一些人因为战争流离失所而来到这个城市。这些移民遭遇失业，并在街道和咖啡馆居住。然而，这个城市的现代化进程有目共睹。除了迪季莱大学，欧盟基金也为该地区现代化的推动做出了贡献。

在夏天，如果您没有品尝到世界

土耳其

上最美味的西瓜,就不要离开迪亚巴克尔!

景点

苏尔拉城墙(Surlar)

环绕城市的玄武岩墙是迪亚巴克尔引人注目的地标。安纳托利亚这座长5千米且古老的城墙至今仍然存在,并且人们可以在上面行走。这座12米高、5米厚的城墙曾经被78座塔楼所捍卫,建于罗马统治时期。在那以后,阿拉伯人、塞尔柱人、波斯人和奥斯曼人先后修建了这座建筑。值得

华丽:马尔丁的房子

东南安纳托利亚地区

一看的是哈普特门（Harput Tor），这是该市四个主要入口之一。内部的门厅装饰有动物浮雕。

大清真寺（Ulu Camii）

大清真寺是该市的标志性建筑之一，也是安纳托利亚最早的塞尔柱苏丹清真寺，由苏丹马利克沙阿在1091—1092年征服迪亚巴克尔后建造。🏠 Gazi Caddesi

美食

苏鲁克鲁·汉餐厅（Sülüklü Han）

这个始建于1638年的商旅驿站如今是一家位于集市中心的餐厅。您可以在这里品尝 当地锦囊▶ **东南部最好的葡萄酒**。🏠 Demirciler Çarşısı, Suriçi ¥ ¥¥ ☎ 0412 1 23 45 67

住宿

克万萨雷大酒店（Büyük Kervansaray）●

这家具有500年历史的商旅驿站经过修缮，拥有一个很好的餐厅，晚上会演奏现场音乐。您也可以在一楼 当地锦囊▶ **舒适的酒吧**用餐，因为那里很安静。该酒店一共有45间客房。🏠 Gazi Cad./Mardin Kapısı ¥ ¥¥ ☎ 0412 2 28 96 06 @ www.kervansarayotel.com.tr

问询中心

🏠 Kültür Sarayı Kat 5 ☎ 0412 2 21 21 73 @ www.kultur.gov.tr

周边景点

马尔丁（Mardin）（折页 P6）

马尔丁是土耳其的"阿拉伯珍珠"，共有70万居民，距叙利亚边境40千米，距迪亚巴克尔约100千米。该城市位于山坡上，可以俯瞰叙利亚平原。老城区独特的梯田式建筑约两层楼高，以装饰华丽的轻石灰岩传统石屋为特色。不幸的是，老城区中心经常穿插新的混凝土结构建筑。城市最高处耸立着一座城堡，半山腰上有古老的清真寺，其中大清真寺是马尔丁最大和最有趣的建筑。特别是当 当地锦囊▶ **房子的石灰石在夕阳中**发光时，马尔丁将给您带来一场感官盛宴。尔德巴·卡那克拉利酒店（Erdoba Konaklari）为您提供历史悠久的别墅住宿。该酒店一共有31间客房。🏠 1. Cadde135 ¥ ¥¥ ☎ 0482 2 12 76 77 @ www.erdoba.com.tr

必游景点

★ 图尔阿卜丁
1600多年来，僧侣们在这美妙的风景中祈祷。→ P.80

★ 内姆鲁特山
众神见证了国王的自信。→ P.81

★ 阿克达玛圣十字主教座堂
这座拥有1000年历史的教堂是亚美尼亚人的避难所，它位于凡湖中心的一座小岛上。→ P.82

★ 伊沙克帕夏宫
巴洛克多彩风格的宫殿。→ P.83

土耳其

图尔阿卜丁(Tur Abdin) ★(折页P6)

马尔丁周围地区和米迪亚特(Midyat)以东是叙利亚东正教少数民族的家园。在叙利亚边境的一些村庄,教堂塔楼的高度超过了低矮的房屋。只有2300名西叙利亚基督徒住在图尔阿卜丁(意为"上帝之仆山")。德耶鲁扎法兰东正教院(Deyrulzafarân)可以追溯到493年(从马尔丁乘出租车,距离5千米),是两个有人居住的叙利亚东正教修道院之一。只有少数僧人住在这里。规模较大且知名度较高的修道院是莫·加布里埃(Mor Gabriel),它距离米迪亚特23千米,位于前往吉兹雷(Cizre)的路上。@ nordirak-turabdin.de

尚勒乌尔法

(Şanlıurfa)(折页N7)古老的埃德萨,如今距离叙利亚边境50千米。尚勒乌尔法拥有3500年历史,是世界上最古老的定居点之一。

乌尔法(前缀"şanlı"意为"光荣",于20世纪80年代添加)依靠边境贸易,以及土耳其、叙利亚和伊拉克之间的走私而发展。但政治环境,特别是叙利亚的战争,使这些贸易走到了终点。大坝项目使人们重新回到这里,居民人数正在上升——随之上升的是繁荣程度。巨大灌溉项目的核心是该市北面60千米处的阿塔图尔克水坝。您可以在这里游泳和航行,该地区因其现代化的生活方式而闻名。尽管如此,这里没有一个地方能像带有热闹 ● 当地精髓 集市 的老城区那样魅力无穷。

景点

易卜拉欣石窟(Abrahamsgrotte) ●

穆斯林认为先知易卜拉欣出生在尚勒乌尔法城市南部的易卜拉欣石窟中。这就是为什么这里有6个清真寺。最美丽的是哈利卢拉赫曼清真寺(Halil ur Rahman),它最初建于13世纪,如今深受阿拉伯风格影响。

美食

羊肝(Ciğer)

餐厅主人曾经是中量级摔跤手。现在他在店内制作家传的特色菜:令人垂涎三尺的羊肝。酥皮糕点kadayif也非常美味。🏠 Cumhuriyet Cad. 14a ⏰ 每天8:30—22:00 ¥ ¥ 📞 0414 3 15 06 52

住宿

当地精髓 西瓦尔克努克艾维酒店(Cevahir Konukevi) ●

这栋最美丽的老城区房子有一个安静的庭院,您可以尽情享受舒缓的水烟袋和屋顶露台。餐厅提供该市最好的乌尔法烤肉串。🏠 Büyükyol Cad,在萨拉丁·阿尤布清真寺(Selahaddin Eyyubi)对面 ¥ ¥ 📞 0414 2 15 93 77 @ www.cevahirkonukevi.com

问询中心

🏠 Asfaltyol4/D 📞 0414 2 15 24 67,获取GAP项目的有关信息请您登

东南安纳托利亚地区

录网站 @ www.gap.gov.tr

周边景点

哈兰（Harran）（折页 N7）

在哈兰村内，已经存在了数千年的 当地精选 蜂巢状房子 由压制的黏土夯筑而成。村庄中间是12世纪的城堡遗址。最早的哈兰定居点可以追溯到公元前3000年。当地唯一的酒店是巴兹达酒店（Bazda，共有8间客房，🏠 Kenan Evren Cad. 1 ¥¥ 📞 0414 4 41 35 90），旅游相关信息可在市政厅获得。🏠 Belediye 📞 0414 4 41 20 75

内姆鲁特山（Nemrut Dağı）★（折页N6）

内姆鲁特山距离尚勒乌尔法北面有两小时的车程，您可以在2100米高的山顶上看到奇妙的石头人首雕像。这些头像是一座神庙的遗迹，由曾经的小国科马基尼（Kommagene）的国王安条克一世（Antiochus I）于公元前69年—前37年下令建造。随着时间的推移，侵蚀、地震和人为触摸，雕像的石头组件已有损坏，部分已被毁坏。雕像正对着屋顶平台的东面和西面。游客可以选择从不同的角度和在不同的光线中欣赏它们。如果您想日出时欣赏它们，那么您必须在凌晨3:00启程。在卡赫塔（Kahta）的旅游信息中心（🏠 Mustafa Kemal Cad. 52 📞 0416 7 25 50 07），您可以获得更多信息。还有一个酒店值得推荐：Nemrut Tur酒店（共有55间客房，🏠 Mustafa Kemal Cad. 11 ¥¥ 📞 0416 7 25 68 81）。

内姆鲁特山的石头人首雕像

凡城

（Van）（折页 R5）**凡省省会凡城位于凡湖的东岸。**

凡湖是土耳其最大的内陆湖泊，湖水含盐量高，仅有部分区域适合沐浴。凡湖虽然是火山山脉围绕而成，却是值得一看的景点。凡城最初的人类定居点建于公元前8世纪。在第一次世界大战期间，这座城市被夷为平地——近3000年历史的定居点几乎毁于一旦。乌拉尔图人在公元前900年将凡城定为他们国家的首都。在那之

土耳其

后，波斯人、罗马人和亚美尼亚人都在这里留下了印记。

景点

凡城城垒（Van Kalesı）

在城市西部的悬崖上有不同时代的遗迹。值得注意的是，城堡方砖上还刻有字迹。这些字迹证明了这个地方在公元前9世纪是乌拉尔图人的定居点。¥ 1.5欧元

美食

Ahtamar Adasi餐厅

这家餐厅位于凡城经过修复的阿克达玛圣十字主教座堂对面，在凡湖的一个码头上，价格实惠。¥ ☏ 0432 6 22 25 25

住宿

Büyük Urartu酒店

当地最好的酒店，有现代化的客房、餐厅、酒吧和游泳池。该酒店一共有75间客房。🏠 Cumhuriyet Cad. 32 ¥ ¥¥ ☏ 0432 2 12 06 60 @ www.buyukurartuotel.com

问询中心

🏠 Cumhuriyet Cad. 19 ☏ 0432 2 16 20 18 @ www.kultur.gov.tr

周边景点

阿克达玛圣十字主教座堂（Ahtamar Kılısesı）★（折页 R5）

凡湖的标志性建筑是拥有1000多年历史的阿克达玛圣十字主教座堂（最古老的部分建于915年），该教堂位于湖中岛屿之上。1464年以前，这里一直是亚美尼亚人的精神寄托——天主教的所在地。该教堂因其外部独特的《旧约》中的场景而闻名。土耳其政府修缮了教堂，并于2007年以博物馆的形式重新开放。🕐 周三至次周一9:00—17:00（10月至次年5月9:00—15:00）🚌 可以乘坐迷你巴士到达距离凡城40千米远的码头（位于盖瓦什后），从那里坐船前往岛屿

当地推荐▶阿尼（Ani）（折页 R3）

从凡城出发到达这个曾经的亚美尼亚城市需要花费一天的时间（约400千米），却是非常值得的。前往阿尼旅行的途中您也可以绕道到多乌巴亚泽特参观。阿尼建立于公元4世纪，但直到950年才成为亚美尼亚皇宫的所在地。阿尼在13世纪经历过亚美尼亚王国最辉煌的繁荣时期。如今，这个城市只有一片广阔的废墟，被保存下来的城墙有1000多米。原来的教堂在部分被修复的遗址中脱颖而出。这个古老的遗址位于亚美尼亚边境，与邻国仅通过一条小河隔开。特别是大教堂和一个部分被修复的教堂，您可以直接从边境的另一边看到它们的露台，值得一看。直到几年前，前往阿尼还需要军方的特别许可。如今这个城市作为露天博物馆是允许游客进入的（🕐 每天8:30—17:00 ¥ 2.5欧元）。阿尼位于卡尔斯（Kars）以南40千米处，您可以乘坐巴士从凡城到卡尔斯。在卡尔斯，您可以继续乘坐迷你巴士或出租车到达阿尼。卡尔斯旅游信息中心：

东南安纳托利亚地区

伊沙克帕夏宫

🏠 Orta Kapı Mah., GAMP, Faikbey Cad. 135 📞 0474 2 23 35 68。您还可以在卡尔斯的Arkar Anihan旅馆住宿（共有64间客房，🏠 Çevreyolu SSK Kavşağı ¥ ¥¥ 📞 0474 2 12 78 00 @ www.karsanihan.com）。

巴塞洛缪教堂（Bartholomäuskirche）（折页 S5）

高大雄伟的教堂遗址位于一座山丘上，从山丘可以俯瞰扎普（Zap）河谷。其建筑和装饰可以追溯到13世纪。经过大规模修复后，现在几乎与中世纪的英国大教堂相似。教堂位于巴什卡莱（Başkale）的阿尔巴依拉克村（Albayrak），在凡城东南约100千米处。🚌 可以乘坐凡城汽车站（Otogar）的迷你巴士

多乌巴亚泽特（Doğubeyazıt）（折页 R4）

多乌巴亚泽特距离凡城有3个小时车程，镇上有两个壮观的景点：第一个是阿勒山（Ararat），天气晴朗时可以在海拔5165米的山上看到白雪皑皑的山峰。如果您想攀登阿勒山，必须申请许可证。★第二个景点距离阿勒山6千米，仿佛一个童话世界——270米高的伊沙克帕夏宫（İshak Paşa Sarayı, ¥ 1.5欧元）。如今可供参观的是城堡的部分景观：令人难以置信的366间房间、土耳其浴室、后宫和游乐场地。该城堡是当地王子为了俯瞰平原而于18世纪末建成的。在99年的建设时间里，它几乎涉及了所有已知的建筑风格。Sim Er酒店位于城外，一共有125间客房。🏠 Iran Transit Yolu 3 ¥ ¥¥ 📞 0472 3 12 48 42 @ www.simerhotel.com

黑海海岸

从海上吹来的潮湿的风,使山上常常有雾——这是一种可以使榛子、烟草和茶叶蓬勃生长的气候。

深蓝色的湖泊、树木繁茂的山坡以及海拔3000米的高山牧场是黑海海岸独特的景观。在山麓上,原始森林、杜鹃花和瀑布形成了如画般的美景。高地显露出了火山爆发的源头,人们可以在熔岩砾石上行走并且穿越在冰川之间。看腻了地中海景色的伊斯坦布尔人背着背包徒步登山到牧场小屋或者在拜占庭教堂和格鲁吉亚修道院中寻找千年历史的痕迹。

特拉布宗王国于1461年被穆罕默德二世击败。直到20世纪20年代,许多希腊人仍然生活在黑海北部海岸。遗留的废墟不禁让人联想到多变的历史:在东北部的格鲁吉亚边境,仍然生活着大约8万拉兹人(Laz)。这是一个抵抗希腊化和土耳其化的高加索部落。由于海湾和沙滩,黑海西部海岸是伊斯坦布尔人的周末热门旅行地。当地居民的环保意识很强。

阿马西亚

(Amasya)(折页 K3)风景如

上图:在黑海沿岸采茶

属于探险者的高地：黑海沿岸东部的热带气候、茂密的植被和拜占庭修道院。

画的阿马西亚拥有保存完好的奥斯曼木结构房屋。这种房屋几乎遍布整个耶希尔河（Yeşilırmak）河岸。

阿马西亚有塞尔柱建筑、清真寺、陵墓以及罗马堡垒。在中世纪，这里由蒙古人统治，他们给城市带来了经济繁荣。之后，经济中心转移到土耳其西部。今天，这里的人们主要靠农业生活。

景点

苏坦贝亚齐特清真寺（Sultan Beyazıt Külliyesı）

该清真寺的历史可以追溯到15世纪。清真寺旁边有陵墓、喷泉和一所拥有大约2万本藏书的伊斯兰学校。

🏠 Ziya Paşa Bulvarı

土耳其

萨夫兰博卢集市上的鞋匠

美食

春天餐厅（Bahar）

对于喜爱肉馅饺子的食客来说，其美味远远超出了土耳其烤肉。🏠 Yüzeller Mahallesi Sadıkesen Sokak 4 ¥ ¥ 📞 0358 2 18 13 16

住宿

阿马西亚大酒店（Büyük Amasya Oteli）

这家大型酒店毗邻河边，背靠山脉，客房简约而宽敞。该酒店不仅拥有一个非常好的厨房，而且冬季您可以在室内用餐，夏季您可以在露台上边用餐边欣赏河流美景。该酒店共有50间客房。🏠 NergizMah. 1 ¥ ¥¥ 📞 0358 2 18 50 80 @ www. buyukamasyaoteli.com.tr

问询中心

🏠 Mustafa Kemal Paşa Cad. 27 📞 0358 2 18 50 02

萨夫兰博卢

（Safranbolu）（折页G2）★鹅卵石街道和在客厅中设有水池的木结构房屋，使拜访该小镇（4.3万居民）成为一种独特体验。

藏红花（又名"番红花"）的销售奠定了这里的繁荣，以至萨夫兰博卢又被称为"番红花城"——如今，工艺品和旅游业是该地蓬勃发展的动力。城市位于一个深谷中，该深谷处在树木繁茂的山脉之间。萨夫兰博卢被联合国教科文组织列为世界遗产。部分非常大的木结构房屋处于保护下，并逐渐得以修复。居民们居住在城市郊区的现代化新住宅区，却在老城区进行贸易或工作。如果您租车的话，可以开车到邻近的树林，那里有未受破坏的峡谷和美丽的小河。

美食

宝珠咖啡馆（Boncuk）

这家漂亮的咖啡馆在一栋17世纪的房子内，位于主清真寺后面的集市中。夏天，您可以坐在户外的大树下；冬天，咖啡馆内设有炉灶，并提供含地区特色菜的自助餐。当地锦囊 美妙的水果茶装在陶壶中，在陶壶中还有卡布奇诺咖啡或过滤咖啡。🏠 Arasta Yemeniciler Sok.

黑海海岸

48 ¥¥ ☏ 0370 7 12 20 65

萨夫兰餐厅（Safran）

这家大型餐厅拥有夏季花园，并在周末提供现场音乐表演。🏠 Bağlar Köyiçi Meydanı ¥¥ ☏ 0370 7 12 10 19 @ www.safrankonak.com.tr

购物

集市

市中心是铜匠、鞍具匠和香料商人的王国。该地区传统的商品是手工刺绣毯子和披肩。

住宿

哈武兹卢·阿什马扎尔·科纳伊庄园酒店（Havuzlu Asmazlar Konağı）

入住萨夫兰博卢最美丽的庄园之一吧！在该庄园酒店，从地毯到铜桌装饰都体现着典型的地区风格。花园里有古老的、可以遮阳的核桃树。餐厅设在地窖中。该酒店共有19间客房和5间套房。🏠 Çarşı Mah., Çelik Gülersoy Cad. 18 ¥¥¥ ☏ 0370 7 25 28 83 @ www.safranbolukonak.com

问询中心

🏠 Çeşme Mahallesi, Arasta Çarşısı 7 ☏ 0370 7 12 38 63 @ www.safranbolu.gov.tr

周边景点

阿马斯拉（Amasra）★（折页 G2）

从萨夫兰博卢开车大约1个小时，沿着蜿蜒的海岸公路就可以到达迷人的港口城镇阿马斯拉。古老的阿马斯拉坐落在两个岩石海角上，由壮丽的岩石海岸构成，是黑海沿岸的"宝石"之一。简朴而干净的埃尔奥卢海滩酒店（Eroğlu Büyük Liman, 🏠 Kum Mahallesi, Turgut Işık Cad. 72 ¥¥ ☏ 0378 3 15 39 00）就位于海滩上。该酒店共有36间客房，其中部分客房带阳台。Canlı Balık是海边一家出色的海鲜餐厅。🏠 Büyük Liman Cad. 8 ¥¥ ☏ 0378 3 15 26 06

锡诺普

(Sinop)（折页 J1）风景如画的锡诺普位于一个半岛上，由一座宏伟的古老城堡及其城墙守卫着，拥有黑海当地精选 最美丽的天然海港和美妙的海湾。

必游景点

★ **萨夫兰博卢**
参观和购物：欣赏保持良好的木框架建筑和购买来自工艺品行会的最好的纪念品。
→ P.86

★ **阿马斯拉**
陡峭的海岸和美丽的海湾。
→ P.87

★ **爱迪尔高原**
该高原位于壮观的卡奇卡尔（Kaçkar）山脉，该山脉是徒步旅行的天堂。→ P.90

★ **苏美拉岩石修道院**
这是一个著名的岩石修道院，建立在岩壁上，具有纪念性意义。→ P.91

土耳其

该城市由米利都的殖民者于7世纪建立。在拜占庭人的统治下，该城市作为港口发挥了重要的作用。事实上，虽然这个城市及其周围环境具备了让人们度过一个愉快假期的所有前提条件，但直到今天几乎只有当地游客会在夏天光顾咖啡馆和海滩。政府计划在其附近建造一座核电站，因此居民在这里设置了路障。

这里有来自伊斯坦布尔的渡轮（🕒 周一14:00），周四返回（12:30从锡诺普出发，请在伊斯坦布尔进行咨询 📞 0212 2 44 02 07）。土耳其航空公司有每天上午10:00从伊斯坦布尔出发的航班，航程1小时20分钟（¥ 80欧元 @ www.turkishairlines.com）。

景点

考古博物馆

在这座美丽的博物馆中，您可以看到有趣的早期文明的文物（包括双耳瓶以及硬币）。考古学家推测，锡诺普前方的土地曾被洪水淹没。🏠 Okullar Cad. 2 🕒 周二至周日8:30—17:30 ¥ 大约1.5欧元 @ www.sinopmuzesi.gov.tr

美食

白宫餐厅（Beyaz Ev）

这家海滨酒店的餐厅提供土耳其美食，非常实惠。🏠 Mobil Mevkii ¥ ¥¥ 📞 0368 2 61 2866 @ www.beyazev.net

萨雷餐厅（Saray Restoran）

这家港口餐厅拥有美丽的景色和优质的黑海鱼。🏠 İskele Cad., Rihtım Sokak 5a, Liman ¥ ¥ 📞 0368 2 61 17 29

住宿

罗斯别墅（Villa Rose）

该酒店离海边5分钟路程，是该地区最美丽的小型酒店之一，拥有小而精致的室外游泳池。该酒店共有5间客房、2间公寓。🏠 Ada Mahallesi, Kartal Cad. 9 ¥ ¥¥¥ 📞 0368 2 61 19 23

锡诺普考古博物馆收藏的古董硬币

黑海海岸

乡村通酒店（Zinos Country）

该酒店位于海边的木结构房子内，并且附带私人海滩。酒店提供高品质、具有乡村风情的早餐，晚上提供地区特色菜。在9月，酒店还提供钓鱼之旅——您可以用钓来的鱼进行烧烤。酒店还有独木舟和吊床可供出租。该酒店一共有33间客房。🏠 Karakum, Ada Mah., Enver Bahadir Yolu 69 ¥ ¥¥ 📞 0368 2 60 56 00 @ www.zinoshotel.com.tr

问询中心

🏠 İl Turizm Müdürlüğü, Vilayet Binasi, Kat 4（市政厅4楼）📞 0368 2 61 52 07

周边景点

盖尔泽（Gerze）（折页 J2）

建议您拜访盖尔泽：因为从锡诺普到这个小城的途中风景就已经极为壮观了。该道路有一部分蜿蜒穿过森林，并能看到黑海，您可以在周围的海湾中游泳。在"锡诺普之旅"（Sinope Tours, 🏠 Kıbrıs Cadddesi 3 A 📞 0368 2 61 79 00 @ www.sinopetours.com）可以租赁汽车和购买船票。

哈姆斯罗斯·科由峡湾（Hamsilos Koyu）（折页 J1）

这个峡湾（距离市中心22千米）的深度和周围的绿色山脉让人想起挪威。约400米长的海湾是理想的野餐区。只需付少量费用，您就可以在那里找到一个美妙的休息区。进入峡湾之前是1千米长的海滩。

特拉布宗

（Trabzon）（折页 N2）古老的特拉布宗（76万居民）位于东北部，是今天该地区最大的城市。美丽的绿色腹地和拜占庭景点邀请您到此一游。

在被奥斯曼帝国（1461年）占领之前，这里曾是特拉布宗帝国的首都。最著名的教堂是建于13世纪的圣索菲亚大教堂。这里曾是一座历史悠久的博物馆，于2013年被改建为清真寺。特拉布宗城堡（Trabzon Kalesi）位于拜占庭地基上，后来被奥斯曼帝国扩建。特拉布宗的港口是榛子、木材和当地茶叶的转运中心。特拉布宗是一个传统的城市，来这里的游客一定要注意自己的穿着。

景点

圣索菲亚大教堂（Ayasofya）

这座拜占庭教堂由皇帝曼努埃尔一世（Manuel I）下令建造，是晚期拜占庭式建筑的重要典范。该建筑于1577年被改建为清真寺，后来被用作

CITY 从这里出发

阿塔图尔克广场：这座城市一直延伸到工业港口后面的西南部丘陵地带，该广场可以作为探索老城区的起点，它的不远处就是清真寺、古老的教堂和城市博物馆。可惜的是，一条宽阔的机动车道将大海与居民区隔开。您可以步行或搭乘巴士、出租车抵达阿塔图尔克广场及美丽的茶园。东边的机场太过偏远。

土耳其

仓库、诊所和博物馆。直到2013年，该建筑再次成为清真寺。🏠 Zeytinlik Cad. 10

美食

鱼餐厅（Balikçi Dede）👽

这家餐厅位于市中心的海边，被土耳其《自由报》评选为土耳其最好的鱼餐厅之一。沙拉和蔬菜均在良好的生态环境中生长。质朴的氛围、美味的拉克酒和新鲜的鱼——所有的一切都是物美价廉的。🏠 Akyazi, Devlet Karayollari Alti ¥ ¥ 📞 0462 2 21 03 98

省钱有道

位于锡诺普港口的庇护咖啡馆（Barinak, 🏠 İskele Cad 📞 0386 2 61 27 18）以便宜又美味的比萨而闻名。

凤尾鱼（Hamsili Pilav）是特拉布宗的美味佳肴。人们可以在历史悠久的卡尔卡诺卢餐厅（Tarihi Kalkanoğlu Pilav Salonu, 🏠 Pazarkapı, Tophane Hamam Sok. 2）以极其低廉的价格大快朵颐。

如果您想探索黑海地区，那么特拉布宗的Thalassa Tours就是一个很好的选择：您可以在这里租赁汽车。🏠 Gazipaşa Cad., Saruhan İş Merkezi, 1楼 ¥ 35欧元起/每天 📞 0462 3 22 11 22 @ www.thalassatours.com

住宿

佐卢酒店（Zorlu Grand Hotel）

佐卢酒店距离机场仅4千米，是锡诺普唯一的五星级酒店，拥有宽敞的客房、带桑拿浴室和土耳其浴室的健身中心以及3间不同的餐厅。该酒店一共有166间客房。🏠 Maraş Cad. 9 ¥ ¥¥¥ 📞 0462 3 26 84 00 @ www.zorlugrand.com

问询中心

🏠 Atatürk Alanı 📞 0462 3 21 46 59

周边景点

爱迪尔高原（Ayder Plateau）★（折页 P2）

如果您要在宏伟的卡奇卡尔山脉进行徒步旅行的话，海拔1350米的爱迪尔高原就是一个很好的起点。从里泽（Rize）出发，50千米的路程都是路况良好的公路。●😊 直地精选 伯格霍夫·莉莉戈姆（Berghof Liligum, 🏠 Çamlıhemşin Ayder, Aşağı Ambarlık Mevkii 📞 0464 6 57 21 23; 0537 4 55 26 77 @ www.ayderliligum.com）这家私人经营的酒店是您在山区独享休闲时光的理想场所。在这里，您可以在小瀑布边享用早餐及健康的黑海美食。该酒店共有11间客房，并拥有游泳池。

比尔比兰（Bilbilan）⛰（折页 P2）

从阿尔特温（Artvin）到阿达努西（Ardanuç）的路上，高山牧场的景色令人叹为观止。比尔比兰有一个

黑海海岸

在空气清新的高处隐居：苏美拉岩石修道院

当地橱窗 大型市场，从6月到9月，您可以在这里找到从牲畜到著名乳制品的相关商品。您可以从阿尔特温廾牛走山路到达这里，旅途大约需要2个小时，会让人感到比较疲劳。这条路在冬天会被积雪覆盖。

苏美拉岩石修道院（Sümela Manastırı）★ （折页 N3）

在草原山区，您会发现许多教堂和修道院。其中最著名和保存最完好的是由土耳其文化部修葺的苏美拉岩石修道院。该修道院位于特拉布宗以南50千米处的埃特德（Altındere）自然公园内。从停车场到达这个在悬崖上修建的建筑只需步行45分钟。干净的苏美拉大酒店（Büyük Sümela，🏠 Maçka-Trabzon ¥¥ 📞 0462 5 12 35 40 @ www.sumelaotel.com）距离修道院13千米，可以作为您徒步旅行时的住宿点，该酒店共有115间客房。苏美拉岩石修道院的修建可以追溯到公元4世纪。传说僧侣们在岩石洞穴中藏匿了福音传教士绘制的圣母玛利亚的圣像。1923年，希腊和土耳其根据《洛桑条约》交换彼此境内的居民，最后一位希腊僧侣不得不离开修道院。不幸的是，教堂里的14世纪的壁画严重受损。从6月起每天10:00有许多小型巴士从特拉布宗港口出发来这里，您可以乘坐Eyce Tours巴士。

¥ 大约10欧元 📞 0462 3 26 71 74

长湖（Uzungöl）（折页 O3）

这个风景如画、由山体滑坡造成的高山湖泊距离特拉布宗约80千米，距耶伊布尔特（Bayburt）不远。İnan Kardeşler是一家带有餐厅的膳宿公寓，它是长湖边十几家酒吧和公寓建筑中最古老的。该公寓拥有22间**当地橱窗 木制洋房**（🏠 位于湖的最南边 ¥¥ 📞 0462 6 56 62 60 @ www.inankardeslerotel.com）。🚌 您可以搭乘每天从特拉布宗、鲁森市场（Rus Pazarı）出发的茶地巴士（Çay Kara Otobüsleri）

独特体验之旅

① 土耳其最美之旅

起点： ❶ 伊斯坦布尔
终点： ❶ 伊斯坦布尔

20天（包括休息）
驾驶时间 65小时

路程：
🏁 4350千米

费　　用：	汽油费大约650欧元，住宿费每人750欧元，餐饮费每人500欧元。
携带物品：	详细的土耳其地图、泳装、防晒霜、雨衣、登山鞋。
注意事项：	土耳其道路状况通常很好。偶尔也会有很长且安全性很差的建筑工地，所以最好不要在晚上开车。在前往土耳其和叙利亚边境地区之前，请您注意外交部发出的旅行警告。

上图：棉花堡的钙华

地球的每个角落都有其美丽之处。如果您想发现每个地区的独特魅力，如果您想找到值得驻足观赏的景物、震撼人心的去处、美味的餐厅……那么这份定制的深度游攻略再合适不过了。

这次土耳其之旅在拥有3000年历史的大都市开始和结束。伊斯坦布尔的前身为君士坦丁堡。这个位于博斯普鲁斯海峡上充满活力且蓬勃发展的城市值得一游。在这次旅行中，您需要首先了解这个国家的诸多方面。

将 ❶ 伊斯坦布尔→P.44作为前往布尔萨的第一站。沿着高速公路向安卡拉方向行驶，经图兹拉（Tuzla）之后沿着达里卡（Darica）方向的渡轮标志前行，经伊兹米特海湾（Izmit Gulf）前往亚洛瓦

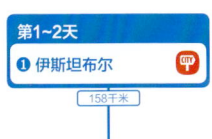

第1~2天
❶ 伊斯坦布尔

158千米

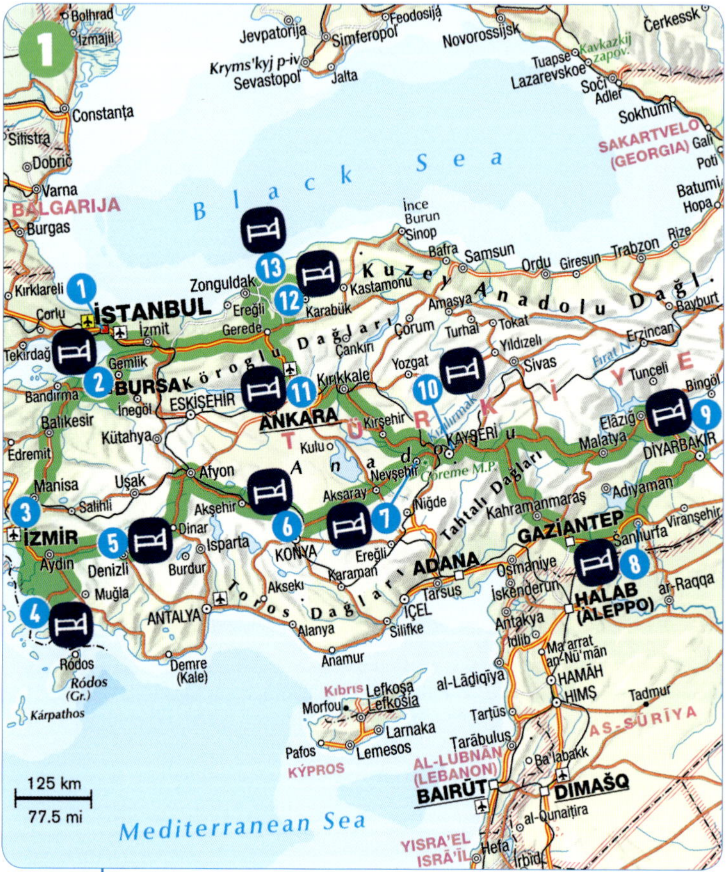

② 布尔萨

351.5千米

第3~5天

③ 伊兹密尔

236千米

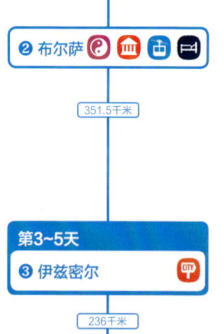

（Yalova）。经过亚洛瓦就可以到达布尔萨。位于2500米高的乌鲁达山脚下的❷布尔萨→P.39是奥斯曼帝国的第一个首都。土耳其人从布尔萨开始了对巴尔干半岛和君士坦丁堡的进攻。您可以在布尔萨住宿两晚，入住切里克帕拉斯温泉酒店，享受当地著名的温泉浴池。在这里您可以参观绿色建筑群，这是苏丹最重要的墓地，然后乘坐缆车前往乌鲁达山。

从布尔萨出发，经D200、D573和D565就可以到达爱琴海的大都市❸伊兹密尔→P.48。这是土耳

独特体验之旅

其最大的港口城市之一。但是不要长时间待在伊兹密尔，建议您继续开车去博德鲁姆。从伊兹密尔沿着高速公路到达瑟凯（Söke），从这里通过D525到米拉斯，然后通过D330到达 ❹ 博德鲁姆→P.34。当土耳其人梦想着离开日常生活的喧嚣并且享受南方的幸福生活时，大多数人都会想到这个"海边的白色城市"。博德鲁姆是一个极佳的避世者天堂，即使这个城市（至少在夏天）是一个繁忙的旅游大都市。您可以在博德鲁姆住宿3晚，享受大海和夜生活，并参观城堡中的水下博物馆。一个不错的住宿地点是博德鲁姆马尔马拉酒店。

从博德鲁姆沿着D330经过亚塔安（Yatağan）到艾登（Aydin），然后通过D320到达代尼兹利。从代尼兹利出发，沿着路标通往 ❺ 棉花堡→P.53 的钙华，即"白色城堡"。闪闪发光的白色钙华令人陶醉，沐浴在温泉中对身心很有好处。您可以住宿在拥有温泉泳池的科瑞酒店。

从棉花堡出发，前往中部安纳托利亚地区。科尼亚位于土耳其的中部，它是这个国家的精神中心。从代尼兹利通过D320和D650到达阿菲永（Afyon），然后通过D300到达 ❻ 科尼亚→P.72。在梅夫拉纳博物馆，您可以参观梅夫拉纳教团创始人的陵墓。您可以在德德曼酒店住宿。

从科尼亚继续前行到卡帕多西亚→P.70。沿着D300经过阿克萨赖到达内夫谢希尔。沿着几千米的侧道就可以到达 ❼ 格雷梅→P.70。内夫谢希尔和于尔居普之间的凝灰岩景观在世界上是独一无二的。这些因气候原因而形成的光滑凝灰岩锥形洞穴，在约2000年前成为受罗马迫害的早期基督徒的庇护所。您还可以参观位于世界文化遗产格雷梅山谷中的教堂以及代林库尤地下定居点→P.71。您可以乘坐热气球从上方欣赏奇妙的景观。那些喜欢待在地面上的人可能会在卡帕多西亚的山谷中骑马而感到兴奋。阿瓦诺斯的柯尔克特骑马（Kirkit Horse Riding）就是该活动的一个很好的组织者（🏠 Atatürk Cad. 50　📞 0384 5 11 32 59　@ www.

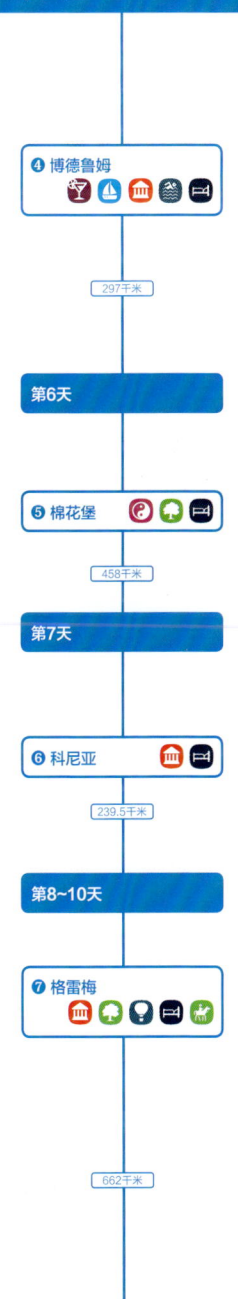

土耳其

horseridingcappadocia.com）。您可以做好计划，在格雷梅天使洞穴酒店的洞穴客房中过夜。

离开中部安纳托利亚地区，开车前往库尔德人聚居的土耳其东南部。通过D300前往开塞利，然后从珀纳尔巴舍（Pınarbası）通过D815和D825到达卡赫拉曼马拉什（Kahramanmaraş），接着通过D835到达加济安泰普，最后通过高速公路到达❽尚勒乌尔法→P.80。这个靠近叙利亚边境的东南部城市至今仍清晰可见古代阿拉伯人的印迹。您可以在这里参观尚勒乌尔法的集市，这是土耳其最古老、最神秘的购物天堂。您一定要尝尝地区特产香辣肉丸。一定要参观易卜拉欣石窟和可以在上面俯瞰整个城市的堡垒。您可以在西瓦尔克努克艾维酒店住两晚。

从尚勒乌尔法出发，通过E99就可以到达❾迪亚巴克尔→P.77。很多时候人们会提及这里过去几十年的冲突，但迪亚巴克尔正在成为一个现代化的大都市。您可以在傍晚参观城墙，在 当地锦囊▶底格里斯河上欣赏壮观的日落。晚上您可以在独具风格的古老商旅驿站克万萨雷大酒店里度过。

旅行路线又回到了土耳其西部。经过埃拉泽（Elaziğ）和马拉蒂亚（Malatya），您将抵达中部安纳托利亚地区的大都市❿开塞利，这是展现安纳托利亚繁荣的模范城市。在这里，可以购买土耳其最著名的火腿Pastirma。您还可以绕道32千米前往海拔3917米的土耳其最高火山埃尔吉耶斯山（Erciyes Dagi）。如果您想徒步旅行，最好在Middle Erth Travel（🏠 Göreme Nevşehir 📞 0384 2 71 25 59 @ www.middleerthtravel.com）上预约一名登山向导。您可以在诺富特·凯瑟酒店（Novotel Kayser, 🏠 Yenipervane Mahallesi, Kocasinan Bulvarı 163 ¥ ¥¥ 📞 0352 2 07 30 00 @ www.novotel.com）过夜。该酒店共有96间客房。

再向西经过克尔谢希尔（Kırsehir）和克勒克卡莱就能到达土耳其首都⓫安卡拉→P.66。自1923年以来，这座城市一直是现代土耳其的中心。在

独特体验之旅

漫步在萨夫兰博卢的街道上总是值得的

这里，您可以参观共和国创始人穆斯塔法·凯末尔·阿塔图尔克的陵墓，然后步行前往城市高处的古老城堡。为了能够安静地欣赏这一切，您可以在迪万卡拉汉酒店住宿两晚。

位于腹地的萨夫兰博卢和海岸边的阿马斯拉，被称为"黑海宝石"，不便利的交通使这里的旅游业几乎成为空白。从高速公路离开安卡拉，一直沿着卡拉比克方向行驶就可以到达 ⑫ 萨夫兰博卢 →P.86，这里拥有土耳其最美丽的奥斯曼木结构房屋。在风格独特的哈武兹卢·阿什马扎尔·科纳伊庄园酒店过夜是值得的。

经过巴尔腾（Bartin），您可以到达距其50千米远的 ⑬ 阿马斯拉→P.87。这是土耳其黑海沿岸最好的海滨度假胜地，您可以在海边休息两天，然后结束您的旅行。一个不错的住宿地：埃尔奥卢海滩酒店。

从阿马斯拉出发，走D750经过耶尼恰阿再次到达高速公路，并快速到达起点 ❶ 伊斯坦布尔。

236.5千米

第17天

⑫ 萨夫兰博卢

92.5千米

第18~19天

⑬ 阿马斯拉

459千米

第20天

❶ 伊斯坦布尔

土耳其

② 沿着石头的轨迹

起点：❶ 伊兹密尔
终点：❶ 伊兹密尔

11天
乘车时间
45小时

路程：
🔲 2550千米

费　用：汽油费大约400欧元，住宿费每人350欧元，餐饮费每人300欧元。
携带物品：坚固的鞋子、游泳用品。

在小亚细亚的数千年历史中，定居者、部落、统治者和帝国留下了各自的痕迹。赫梯人首先来到中部安纳托利亚地区，然后希腊人开始在西海岸定居。接着，罗马人统治了如今土耳其的大部分地区。该行程将向您展示这片土地上最重要的历史遗迹，它们是人类文明的反映。

该行程的起点是爱琴海的大都市 ❶ 伊兹密尔 →P.48。在这里您可以在海滨一带漫步，欣赏古代士麦那（伊兹密尔的旧称）的优越位置。您也可以在这个城市停留一个夜晚。例如，住宿在精致的伊兹密尔希尔顿酒店。第二天早上您就可以动身。

离开城市向北行驶在D550（E87）上，前往贝尔加马，拜访古老的 ❷ 帕加马 →P.53。城市前面散落着古希腊遗址，登上卫城会令人筋疲力尽。因此您至少需要预留半天的时间参观这里。当您攀登到卫城的一半的时候，您会看到世界著名的帕加马祭坛的地基。

从贝尔加马沿着主干道D550经过埃德雷米特湾和艾瓦哲克（Ayvacik），朝恰纳卡莱方向前进。距恰纳卡莱大约20千米时左转有一个路标，通往著名的古代战场 ❸ 特洛伊 →P.44。受荷马史诗《伊利亚特》的启发，德国考古学家100年来都在发掘寻找黑克托（Hektor）、阿喀琉斯（Achilles）和普里阿摩斯（Priamos）的踪迹。参观历史遗迹后，继续前往

独特体验之旅

❹恰纳卡莱→P.42。您一定不要错过那里有趣的考古博物馆。经过漫长的一天后,您可以在大木马酒店放松身心。

从恰纳卡莱继续沿着D200就可以到达❺布尔萨→P.39。布尔萨是奥斯曼帝国的第一个首都,位于乌鲁达山麓肥沃的河流平原上。您可以在切里克帕拉斯温泉酒店住宿一晚,并且参观绿色建筑群,这是奥斯曼帝国苏丹最重要的墓地。

第二天,您沿着该路线向东,通过D200途经埃斯基谢尔(Eskişehir),最终到达❻安卡拉→P.66。您可以在迪万卡拉汉酒店→P.69度过两晚,还可以在美味的苏达凯巴普餐厅(Suda Kebap)享受 当地特售 首都最佳烤肉串(🏠 Gaziosmanpaşa, Filistin Cad. 38 ¥ ¥¥ 📞 03124 46 30 40 @ www.sudakebap.com.tr)。您也可以在这座现代化的首都尽情购物并且参观安纳托利亚文明博物馆。第二天您可以欣赏世界著名的收藏。

沿E88向东行至代利杰(Delice)交叉路口,然

土耳其

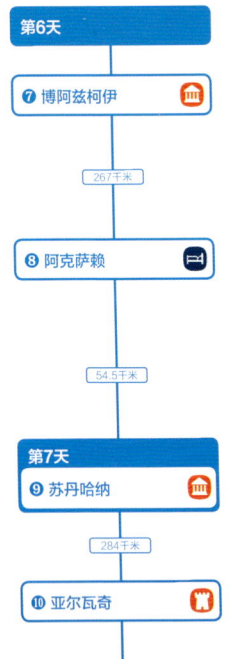

古代鼎盛时期：以弗所的遗迹

第6天

⑦ 博阿兹柯伊

26.7千米

⑧ 阿克萨赖

54.5千米

第7天

⑨ 苏丹哈纳

284千米

⑩ 亚尔瓦奇

后沿着D190到达松古尔卢，过不久之后您就会看到通往 ⑦ 博阿兹柯伊 的路标。在这里，您可以欣赏到著名的赫梯首都哈图沙什→P.70的寺庙和大门。该遗址同附近的亚泽勒卡亚岩石保护区一起构成了第一个独特的安纳托利亚文明露天博物馆。从博阿兹柯伊途经约兹加特（Yozgat）、耶尔柯伊（Yerköy）和克尔谢希尔，然后到达 ⑧ 阿克萨赖。在这里您可以找到D300并最好停下来过夜。现代化的阿尔通塔什大酒店（Grand Altuntas Hotel）（🏠 Zafer Mahallesi, Ihlara Cad. 150 ¥ ¥¥~¥¥¥ ☎ 0382 2 12 08 08 @ www.grandaltuntas.com）在傍晚和夜晚为您提供优质服务。该酒店一共有101间客房。

第二天，距离 ⑨ 苏丹哈纳（Sultanhanı）不到60千米。在那里您可以参观苏丹哈纳古驿站（Sultanhanı Kervansaray），这是现存的最美的塞尔柱商旅驿站之一。之后，您将经过科尼亚并通过D330抵达贝伊谢希尔湖。沿着D695再往前几千米就是 ⑩ 亚尔瓦奇（Yalvac）。亚尔瓦奇曾是安纳托利亚内陆地区最大的罗马人定居点。从亚尔瓦奇出发，

独特体验之旅

您可以沿着D330到达 ⑪ 埃伊尔迪尔（Eğirdir），在那里您可以在福尔达（Fulda）旅馆过夜。该旅馆共有8间客房（🏠 Kale Mahallesi, 4 Nolu Sokak 9/2 ¥¥ 📞 0246 3 11 21 75）。您可以在旅馆问在湖边租用皮划艇或帆船的有关事项。

从埃伊尔迪尔出发，您向着西方的希腊人定居点迈出了一大步。这条小路穿过伊斯帕尔塔（Isparta）、代尼兹利和艾登后到达瑟凯。沿着D525向南到达 ⑫ 迪迪玛→P.52。迪迪玛阿波罗神庙是有史以来最大的希腊避难所之一。它距古城米利都约20千米。您可以在D马林迪迪玛码头游艇俱乐部（D-Marin Didim Marina Yacht Club）过夜，该酒店共有14间客房。🏠 Çamlık Mevkii 3 ¥ ¥¥¥ 📞 0850 33 34 43 33

从迪迪玛出发，通过D525返回瑟凯，然后沿着海岸经库沙达瑟返回 ⑬ 塞尔丘克。塞尔丘克附近有世界著名的爱琴海古城以弗所→P.51，在那里您不仅可以参观美妙的圆形剧场，还可以参观图书馆和以前的私人别墅。如果您在塞尔丘克过夜的话，那么第二天您将有足够的时间参观圣母玛利亚之家。

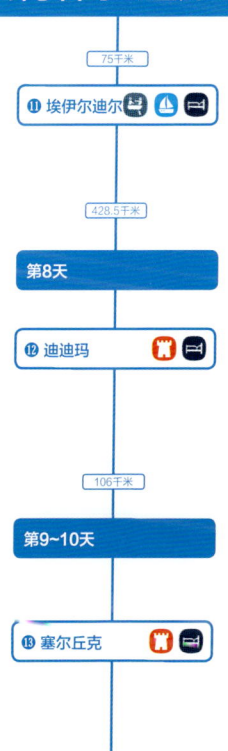

"蓝色之旅"

"蓝色之旅"是土耳其度假的亮点之一。在轻松的气氛中，您可以在海湾之间航行——如果没有风的话，可以借助发动机。船上包全天的膳食，您可以全身心地投入观海、游泳等游览活动之中。"蓝色之旅"通常从马尔马里斯开始。带有一对船舱的木制马达帆船被称作"gulets"。游客通常在星期六下午上船，然后在下一个星期六离开船舱。这期间，您将一直住在船上。

"蓝色之旅"的景点路线：从马尔马里斯到费特希耶（约200海里，约370千米），然后返回至埃金奇克尔湾以及历史悠久的阿加·利曼（Aga Liman）港口，进入费特希耶的大海湾，接着到达土耳其最著名的海滨浴场。该海滨浴场位于爱吕德尼茨。最后，在返回马尔马里斯之前，您还可以参观港口城市费特希耶和费特希耶峡湾的各个岛屿。为期一周的"蓝色之旅"由马尔马里斯的各旅行社提供（P.64），每人收费300~500欧元。

土耳其

根据传说，耶稣的母亲玛利亚在这里度过了她生命中的最后几年。从塞尔丘克通过高速公路可以在1个小时内到达 ❶ 伊兹密尔。

3 在海滩、集市和山神之间

起点： ❶ 安塔利亚
终点： ⑩ 卡赫塔

至少7天
乘车时间
22小时

路程：
➡ 1500千米

费　用： 汽油费大约200欧元，住宿费每人200欧元，餐饮费每人150欧元。

携带物品： 坚固的鞋子、游泳用品。

注意事项： 从阿德亚曼（Adiyaman）出发，您可以乘坐陆路巴士返回安塔利亚。在前往土耳其和叙利亚边境地区之前，请您注意外交部发出的旅行警告。

这段旅程将向您展示土耳其景区和社会的对比。首先，这段旅程从地中海东部沿岸的现代化城市安塔利亚开始，到受阿拉伯影响的安塔基亚，从那里到达东南安纳托利亚的最深处，最后到达尚勒乌尔法和内姆鲁特山。

独特体验之旅

从土耳其地中海大都市 ❶ 安塔利亚→P.57 出发，沿着海岸公路D400向东到达 ❷ 阿拉尼亚→P.54。在那里，高耸的塞尔柱城堡是沿海最壮丽的景点之一。继续沿着蜿蜒的道路前往 ❸ 阿纳穆尔→P.56。阿纳穆尔位于土耳其最南端，它拥有一个13千米长的精致海滩和一个保存完好、令人惊叹的堡垒。当地的最后一站是 ❹ 锡利夫凯（Silifke），这是一个距离大海10千米的小镇。在格克苏河（Göksu）三角洲地区有一个 当地锦囊➤ 20千米长的沙丘景观，还有许多沙滩，因此这个小镇很值得一看。您可以直接在海边的马里纳（Marina）酒店过夜。该酒店共有17间客房。🏠 Reşadiye Mahallesi 193, Sokak 1, Taşucu-Silifke ¥ 📞 0324 7 41 44 93

从锡利夫凯出发，由梅尔辛开车经过高速公路前往伊斯肯德伦（İskenderun），经过土耳其东南部的工业区，然后继续沿着高速公路前往古老的 ❺ 安塔基亚。该市的考古博物馆是世界上最大的罗马马赛克收藏馆之一。早期基督徒的痕迹在这里很显眼：据说圣彼得在一个洞穴中建造了最早的教堂之一，即所谓的 当地锦囊➤ 圣彼得石窟。您可以在迷人的 Savon 酒店度过两晚。这家酒店之前是一个橄榄油工厂，共有43间客房。🏠 Kurtuluş

第1天
- ❶ 安塔利亚
- 133千米
- ❷ 阿拉尼亚
- 132千米
- ❸ 阿纳穆尔
- 137千米
- ❹ 锡利夫凯
- 365千米

第2~3天
- ❺ 安塔基亚

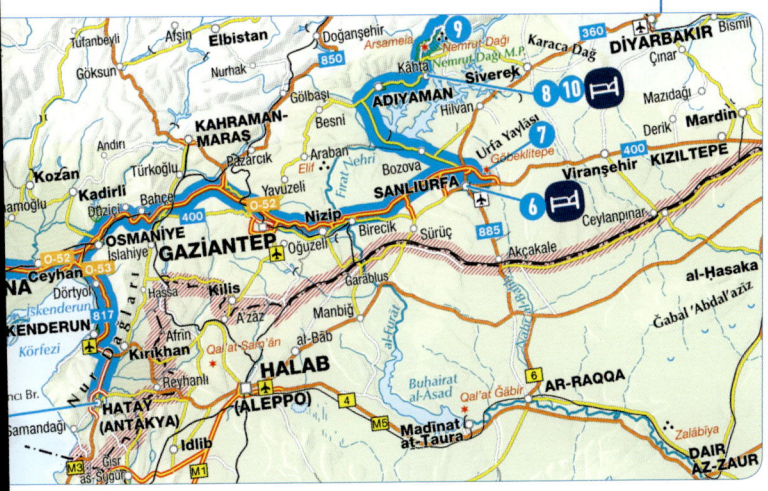

103

土耳其

Cad.192 ¥ ¥¥ ☎ 0326 2 14 63 55 @ www.savonhotel.com.tr

第4~5天

❻ 尚勒乌尔法

415千米

23.5千米

❼ 哥贝克力石阵

179.5千米

第6~7天

❽ 卡赫塔

57千米

❾ 内姆鲁特山

从安塔基亚出发，途经伊斯肯德伦返回高速公路，向东行驶到达❻尚勒乌尔法→P.80。这座古城受到了阿拉伯人和库尔德人的强烈影响。这里迷宫般的集市值得一游。在集市上有很多铜匠和茶馆。您一定要在尚勒乌尔法住两晚，例如住在西瓦尔克努克艾维酒店。这样您就有足够的时间看完这里的一切，然后再去参观20千米外的❼哥贝克力石阵（Göbekli Tepe）。在这里，一位德国考古学家发现了一座1000年前的寺庙——绝对值得观赏！

沿着D875，您将穿过阿塔图尔克水坝附近的幼发拉底河到达最终目的地。从阿德亚曼出发，沿着D360途经❽卡赫塔，这是前往❾内姆鲁特山→P.81的起点。内姆鲁特山是世界著名的"众神之山"。巨大的石坑构成了科马基尼王国国王安条克

男人们的聚会：在尚勒乌尔法的游戏

独特体验之旅

一世的陵墓。在内姆鲁特山上观看日出和日落也是土耳其之旅令人难忘的一部分，因此，建议您在这里住两晚。为此，您可以住宿在 ⑩ 卡赫塔的Zeus酒店。该酒店一共有66间客房。🏠 Mustafa Kemal Cad. 20, Kahta-Adıyaman ¥ ¥¥ 📞 0416 7 25 56 95 @ www.zeushotel.com.tr

④ 短暂拜访黑海海岸

起点： ❶ 特拉布宗
终点： ❶ 特拉布宗

8天，包括3天徒步旅行
乘车时间 11小时

路程： 685千米
难度 最高：1000米

费　用： 汽油费大约120欧元，住宿费每人400欧元，餐饮费每人150欧元。
携带物品： 详细的地图和户外装备。
注意事项： 卡奇卡尔山区经常下雨。对于徒步旅行来说，您需要一套好的徒步装备，并需要在帐篷中住宿一两晚。您必须雇用一个登山向导。

黑海东部海岸之旅给这次旅行带来了一些亮点。本都（Pontus）的山谷和山脉、隐蔽的高山牧场和拜占庭修道院将深深地留在您的记忆中。因为在这里，土耳其会展现出令人意想不到的一面。特别是卡奇卡尔山脉的徒步旅行将带您进入壮观的高山景观。

旅程从 ❶ 特拉布宗→P.89开始。这里有拜占庭和希腊定居点的遗迹，如圣索菲亚大教堂和城堡。海港有漂亮的茶园和餐厅。您可以一览城市风光，然后入住舒适的佐卢酒店。

第二天早上，开车沿着D885途经马奇卡（Maçka），然后就能到达世界著名的 ❷ 苏美拉岩石修道院→P.91。从这里继续沿着D885途经宏伟的齐加纳山口（Zigana Pass），沿着E97到达 ❸ 巴伊布尔特。您可以入住巴伊布尔特酒店（Bayburt

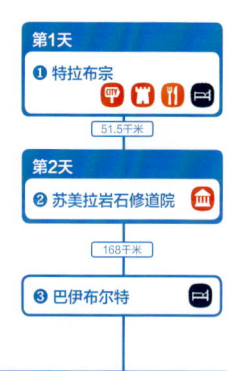

105

土耳其

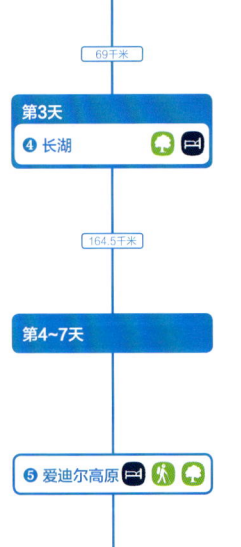

第3天
④ 长湖

第4~7天

⑤ 爱迪尔高原

Hotel，Trabzon Yolu Üzeri ¥ ¥~¥¥ ☎ 0458 2 22 69 69 @ www.otelbayburt.com）。该酒店共有32间客房。第二天沿着D915途经安勒山口（Soğanlı Pass）到达 ④ 长湖→P.91。为了探索迷人的地区而在这个美丽的高原湖泊过夜，对您来说是值得的。这里的 强烈推荐 索伊卢酒店（Soylu Hotel）（ Yeni Mahalle Sekersu Sokak 10 ¥ ¥¥ ☎ 0462 6 56 65 64 @ www.soyluotel.com）地理位置极佳。该酒店共有10间客房。

　　沿着D915可以从长湖返回至海岸，沿着沿海公路途经里泽和阿尔代申（Ardeşen）可以到达拥有2000名居民的查姆赫姆辛（Çamlıhemşin）小镇。这个小镇有一条柏油小路通往卡奇卡尔山脉的高山景观，然后到达 ⑤ 爱迪尔高原→P.90。在当地的卡奇卡尔度假酒店（Kaçkar Resort Hotel）过夜后，前往海拔3932米的卡奇卡尔山进行艰难的徒步旅行。在爱迪尔高原您一定要从登山公司雇用一名登山向导，例如Izmet Öztürk（¥ 每天约50欧元 @ www.trekkingexpert.com）。徒步的这条道路首先通过卡伊马库尔山口（Çaymakçur Pass）到达山脉干燥、背对大海的一侧，然后到达耶拉拉（Yaylalar），从那里继续延伸到❻卡奇卡尔山山顶。您将在耶拉拉过夜（由登山向导为您安排），在攀登山顶之前，需要在帐篷中度过一晚。返回爱迪尔高原的路途需要漫长的3天。

爱迪尔高原距离特拉布宗160千米。在返回西部的途中，您还应该在❼叙尔梅内（Sürmene）停留一会儿。在奥夫（Of）和阿拉克勒之间的小镇，特别是堡垒般的宫殿是非常值得一看的。如果时间允许，请在星期二来，因为这是市场开放的日子。这里距离❶特拉布宗仅40千米，您可以快速到达。

47.5千米

❻ 卡奇卡尔山

144.5千米

第8天

❼ 叙尔梅内

39千米

❶ 特拉布宗

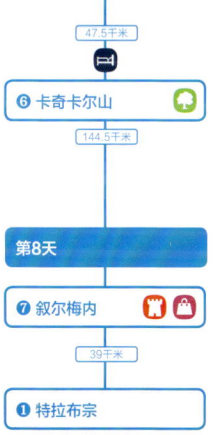

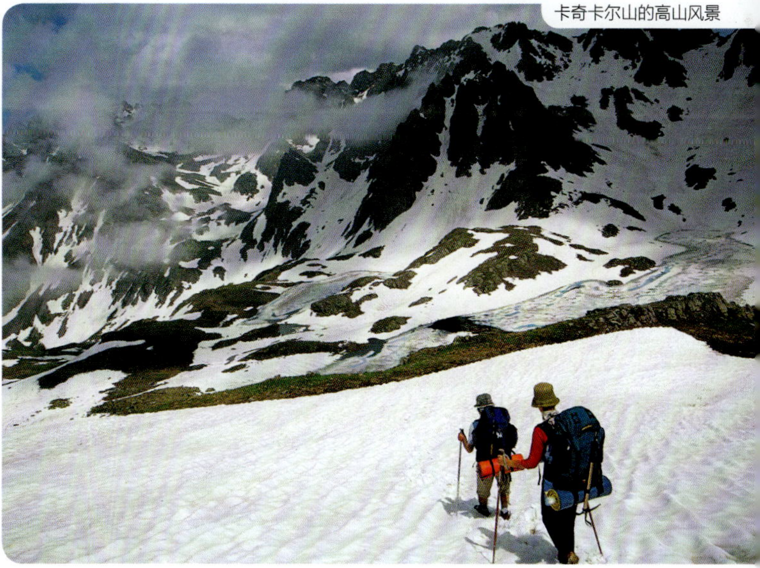

卡奇卡尔山的高山风景

户外活动

前往土耳其度假的人数正在增加,但背包客最喜欢的旅游目的地仍然是土耳其的里维埃拉。

未受破坏的山地景观、迷人的远足小径和美丽的大自然,使这个国家成为业余和职业运动员的理想目的地。

登山

从东部最高的阿勒山到地中海的托罗斯山脉或者沿着黑海沿岸的黑海山脉(Karadeniz Dağları)以及卡奇卡拉尔(Kaçkarlar)就可以到达土耳其。卡兹山(Kazdağlari)、厄尔加兹山(Ilgaz)、萨曼勒山(Samanlı)、博卢山(Bolu)以及乌鲁达山等山峰适合攀岩和徒步旅行。托罗斯山脉适合夏季和冬季登山。西部的贝伊山(Beydağları)和阿克山海拔较高,是冬季徒步旅行者和登山者的好去处。中间的山脉区域是博尔卡尔山(Bolkar)和阿拉山(Aladağlar),它们被居莱克山口(Gülek Pass)隔开。土耳其有海拔2000米的高山湖泊,您还可以探索峡谷和洞穴。卡奇卡尔山脉位于黑海东部,拥有韦尔切尼克山(Verçenik)等山峰,且山上植被茂盛。您可以在酒店内的小型代理商处找到经验丰富的登山向导,也可以预订专业机构组织的徒步旅行。

上图:地中海的帆船游艇

海上冲浪，尽情滑雪：土耳其拥有海洋、山脉和河流，为每位运动爱好者提供挑战。

乘船之旅

爱琴海南部或里维埃拉的游艇之旅是土耳其最吸引人的旅行方式之一。在开始"蓝色之旅"之前，您应该通过互联网了解有关船只、时间、服务和价格的信息。您可以租用包括船员在内的整条船，也可以只租一个船舱。例如，在Arya Yachting（🏠 Caferpaşa Cad. 25/1，博德鲁姆 📞 全膳约300欧元/周 📞 0252 3 16 15 80）有大型船只可供您选择。

高尔夫

伊斯坦布尔和地中海沿岸的高尔夫球场深受高尔夫爱好者欢迎。Gloria高尔夫俱乐部［18洞，标准杆72杆，6288米 🏠 Acısu Mevkii，Belek（贝莱克），Antalya 📞 0242 7 15 15 20 @ www.gloria.com.tr］是一个占地1.1平方千米的五星级酒店，它拥有自己的高尔夫球场。冠军高尔夫球场［Championship，18洞，标准杆72杆，5569米 🏠 贝莱克旅游中心

土耳其

（Belek Turizm Merkezi）📞 0242 7 25 54 00 @ www.nationalturkey.com］占地0.92平方千米，设有狭窄的球道，十分具有挑战性。凯梅尔（Kemer）高尔夫乡村俱乐部 📞 0212 2 39 77 70 @ www.kemercountry.com）位于贝尔格莱德森林（Belgrader Wald），距离伊斯坦布尔市中心仅30分钟路程。

跳伞

爱吕德尼茨：从巴巴达（Babadağ）出发跳伞。由于海况和平静的风力条件，经验丰富的跳伞者能在空中停留5小时，爬升至3500米的高空。宽阔的海滩非常适合降落。您可以提前1天在Cloud 9（📞 0533 4 37 31 02）或Escape Adventures（@ www.escape.com.tr）进行预订。

漂流

土耳其的河流通常适合全年漂流。经验丰富的导游会全程陪同。14岁以上的游客可以参加。**当地锦囊▶乔鲁赫河**（Çoruh，长度超过350千米）发源于海拔3500米处并流入黑海。这里有壮丽的峡谷、清澈的海水、熊和白雪皑皑的山峰。远足和漂流通常包括在8天的旅行中，可详询布克拉曼尼亚（🏠 Yeni Çarşı Cad. 28/1, Galatasaray，伊斯坦布尔 📞 0212 2 45 06 35 @ www.bukla.com）。达拉曼河游览：Alternatif Outdoor（🏠 马尔马里斯 📞 0252 4 17 27 20 @ www.alternatifraft.com）。

骑马

无论是在骑马俱乐部还是在沙滩上，骑马都很有趣。您可以去拜访伊斯坦布尔的传统骑马俱乐部：Atlı Spor Kulübu（📞 0216 7 31 39 20），它位于凯梅尔地中海沿岸的度假区Erendiz。📞 0242 8 14 25 04

滑雪

土耳其有高山，雪通常厚达3米。您可以在北部的安纳托利亚山脉、南部的托罗斯山脉、埃尔吉耶斯山和阿勒山滑雪。安卡拉以西120千米处的博卢·卡尔塔尔卡亚（Bolu Kartalkaya）已成为一个受欢迎的滑雪胜地。您可以入住卡尔塔尔大酒店（Grand Kartal Hotel）。📞 0374 2 34 50 50 @ www.grandkartal.com
当地锦囊▶萨克里肯特（Saklıkent）：在安塔利亚3月就可以去海中游泳和冲

不惧水流：在桥峡谷国家公园漂流

户外活动

浪了。您会被晒黑，但会很开心。然后您可以向西北方向行驶50千米到达贝伊山。在海拔2200米的高度，您可能会突然跌进雪地里。通过租用滑雪板，您还可以在白色的森林中驰骋。
@ www.antalyakayak.com

沙滩

地中海最好的海滩位于西部的卡尔坎（Kalkan）和东部的梅尔辛。虽然阿瓦、希莱（Şile）以及锡诺普黑海岸边的海滩游客寥寥无几，但这里比南部的海滩凉爽。在伊斯坦布尔，您可以游览黑海沿岸，例如克里尤斯（Kilyos）、王子群岛、埃尔代克（Erdek）南部以及马尔马拉海的岛屿。爱琴海沿岸的大部分沙滩是鹅卵石海滩。越往南，沙子越多，例如爱吕德尼茨。最美丽的海滩位于南部的帕塔哈。

潜水

在伊斯坦布尔，您可以在地中海和爱琴海潜水。在阿拉尼亚的沃特·施密特潜水中心（Walter Schmidt Tauchbasis, ☏ 0242 5 13 12 96），您会得到专业的服务。许多潜水初学者到卡什考取专业潜水证（PADI）以及国际潜水证（CMAS），因为在卡什有几所学校拥有自己的船只，例如Nautilus Diving（🏠 Likya Cad. 1/A，卡什，安塔利亚 ☏ 0242 8 36 20 85 @ www.nautilusdivingkas.com）。达达尼尔海峡及其周围的潜水区十分具有吸引力，里面有许多沉船残骸，尤其适合经验丰富的潜水员。（@ www.taucher.net）

徒步旅行

两条标记清晰的小径能让您最真切地体验土耳其南部的徒步旅行：一条是从费特希耶到安塔利亚的利西亚路（@ www.trekkinginturkey.com），长达509千米；另一条是从安塔利亚的佩尔格或者阿斯潘多斯通往埃伊尔迪尔的使徒保罗小径（Apostel Paulus Pfad, @ www.cultureroutesinturkey.com）。据说这条500千米长的路线追溯了保罗在传教旅程中走过的路，并且部分小路可以通向海拔2200米的山脉。克齐尔丘库尔（Kızılçukur）、居勒吕代雷（Güllüdere）以及津达诺（Zindanönü）的火山山谷、洞穴建造的村庄和达姆萨湖将使您在卡帕多西亚的徒步旅行成为难忘的回忆。

健康

大理石浴池中荡漾的水、高高的拱顶下的蒸汽：土耳其浴室是游客的必去之地。在土耳其浴室中，通常女性和男性的浴室是分开的；但在为游客准备的浴池中，也有男女混合浴。在每个城市，您都可以找到一个可供参观的土耳其浴室。此外，温泉浴可以放松身心：布尔萨、伊兹密尔的切什梅、棉花堡、阿菲永以及伊斯坦布尔是土耳其温泉酒店的主要聚集地。在这些地方，按摩、芳香疗法和美妙的泳池区已经成为旅行的目的。在特洛伊的卡兹山、博兹贾岛和格克切岛、卡什的吕基亚景观以及黑海东部的高山区，您可以发现一个未受污染的大自然，它拥有充足的氧气以及芳香的野生药草。这里还有提供有机食品的小商店。

带着孩子旅行

在土耳其列出"只为儿童设计的项目"并不容易,因为到处都欢迎孩子们!在这个对儿童极其友好的国家,儿童从未被视为一个烦人的存在。当您想要静静地观赏或者吃东西的时候,卖家和服务员会拥抱孩子并带着他们散步。孩子们会收到礼物,被亲吻和轻拍——直到您说"停"为止。有时您必须说"停"!

除非专门针对年轻夫妇或单身人士,否则旅游地均配备有儿童设施,比如儿童座椅、儿童房和儿童游泳池。度假村提供收费的保姆服务。孩子们可以整天在地中海安全的儿童乐园中愉快玩耍,让您可以在海滩上休息放松。您应该特别注意酒店在装修期间的大型游泳池——特别是在晚上,它们是很危险的,而且一些游泳池的排水渠没有围栏。您当然还要避开炽热的正午太阳,并且不要在街上购买食物。

如果您的孩子被流浪猫、狗咬伤,请务必立即去看医生并接种狂犬病疫苗。土耳其的医疗体系非常完善,大型酒店都有自己的医生,偏远地区除外。注意:私人诊所往往是一个陷阱!

伊斯坦布尔周边

王子群岛(折页 D2)

夏季和冬季,伊斯坦布尔附近交通便利的王子群岛是孩子们游览的理想目的地。您可以在早上和孩子乘

上图:阿拉尼亚海滩上的孩子们

欢迎儿童：从俱乐部酒店的儿童天堂到为孩子设置的潜水课程——最有趣的旅游项目。

坐渡轮前往码头，在码头租用自行车或者在树林里骑驴（约8欧元）。您还可以开车或者去远足。在比于卡达岛、雷贝里岛、布尔加斯达岛以及克纳尔达岛（Kınalıada）上都有海滩。您可以在码头上下船处获取信息。您可以在卡巴塔斯（欧洲一侧）、卡德柯伊以及博斯丹奇（亚洲一侧）乘坐双体船（@ www.ido.com.tr）、渡轮（@ www.sehirhatlari.com.tr）以及摩托艇（@ www.mavimarmara.net）到达这些岛屿。¥ 1.5~5欧元

当地精首 拉赫米・考契博物馆（Rahmı M. Koç Müzesi）（折页D2）

　　模型船、铁路、真正的飞机、残骸以及原始的老爷车——这家由工业家族考契建立的博物馆使技术史变得生动起来。在重建的船长桥上，您会感觉像在海洋上。🏠 Hasköy Cad. 5, Hasköy，伊斯坦布尔 🕐 周一至周五10:00—17:00；周六、周日10:00—20:00（10月至次年3月：10:00—18:00）¥ 4.5欧元（学生2欧元）；潜水艇2.5欧元（学生1.50欧元）@ www.rmk-museum.org.tr

土耳其

西海岸

达巴什生态农场（Ökofarm Dağbaşi）（折页 B3）

埃德雷米特湾和伊达山（İda）拥有森林、瀑布和溪流，是大自然爱好者的理想选择。达巴什生态农场是放松身心的好地方。农场的所有客房均采用天然石材建成，并设有开放式壁炉。该生态农场还有一个山羊棚和一个在冬季用玻璃覆盖并加热的游泳池。蔬菜、水果、牛奶、奶酪和葡萄酒均来自农场自产的有机产品。达巴什生态农场提供免费无线网络，共有8间客房。🏠 Kazdağları Yanıklar Köyü，巴伊拉米奇，恰纳卡莱 📞 0286 7 89 00 44；0533 1 65 57 27 @ www.kazdaglarioteldagbasi.com

博德鲁姆骑士城堡（Ritterburg in Bodrum）（折页 B6-7）

这座由圣让骑士（St. Jean Rittern）建造于15世纪的城堡，会激发起您儿童般的想象力。玻璃残骸、双耳瓶陈列室、酷刑室、公主阿达的客房以及许多重要的海底考古残骸会让这个城堡带给您独一无二的体验。🏠 Kale Meydanı，博德鲁姆 🕐 周二至周日8:00—12:00，13:00—17:00（夏季：周二至周日9:00—19:00）¥ 6欧元

南海岸

里琪雅自由酒店（Liberty Hotels Lykia）（折页 D7）

这个巨大的度假胜地位于利西亚山脉后面松树覆盖的海湾，拥有750米长的鹅卵石海滩。酒店的儿童探险世界是地中海最美丽的地方之一，有划水池、滑梯、冒险洞穴、宝岛、水枪以及强盗森林。这里还有儿童剧院、柔道、足球、业余爱好和艺术工作室、滑板、蹦床、乒乓球、台球以及儿童游泳、冲浪、帆船、网球和潜水课程。该酒店共有888间客房。🏠 Kıdrak Mevkii 2-B，爱吕德尼茨 ¥ ¥¥¥（包括所有费用）📞 0252 6 17 02 00 @ www.de.libertyhotelslykia.com

和孩子一起潜水（折页 E7）

在凯梅尔海滩，您可以与家人一起享受令人兴奋的潜水和海滩假期。IFA海滩酒店（IFA Beach Hotel）的蓝天潜水中心（🏠 P.K. 13707137，

真人大小：在伊斯坦布尔拉赫米·考契博物馆的历史悠久的展品

带着孩子旅行

Kemer（☎ 0242 8 21 40 46）为10岁以上儿童提供课程。当大人乘船去探索海底世界时，小孩子可以跟随大人一起去，也可以留下来参与一周一次的游泳课程，并且可以尝试在海岸边"嗅"一下大海的味道（约125欧元）。可供悬挂的证书将在之后颁发。该海滩酒店秉承环保理念。

黑海海岸

阿瓦（Ağva）（折页 E2）

来自伊斯坦布尔的耶希尔河和格克苏河最终注入黑海。这个村庄本身很小，但是山前的海景令人印象深刻。耶希尔河的这家酒店离村庄不远，步行大约需要10分钟，周围环绕着果园，有漂亮的带游泳池的简易别墅。这里还有独木舟和脚踏船，您可以去河边钓鱼。在河口有一个1千米长、几乎无人到访的海滩。阿瓦酒店是您带孩子度假的理想选择。从伊斯坦布尔、于斯屈达尔乘坐巴士前往希莱、阿瓦。乘坐汽车便于更灵活地安排行程。例如，您可以在Tranquilla River Lodge酒店（🏠 Kurfallı Köyü Nehirboyu Cad ¥ ¥¥ ☎ 0216 7 21 73 77 @ www.tranquilla.com.tr）过夜。该酒店共有14间客房。

波罗内兹科伊（Polonezköy）

波罗内兹科伊诚邀您上岸进行一日游。该村庄由波兰移民于19世纪建立，靠近伊斯坦布尔，潜水冒险之旅和城市之旅有机结合，使得这个村庄更具吸引力。春天，这里所有的一切都在绽放，果树也散发着光彩。6月，您可以在这里摘樱桃。冬天，这里大部分都是积雪。客人可以租用自行车和骑小马。您可以在Caliente Garden Legend Hotel酒店（🏠 Reşadiye Cad.18 ¥ ¥ ☎ 0216 4 34 57 57 @ www.calientegarden.com）过夜。该酒店一共有80间客房。在Leonardo餐厅（¥ ¥¥ ☎ 0216 4 32 30 82），您可以美美地饱餐一顿。

潜水冒险之旅

每月节庆与活动

伊斯坦布尔是2010年欧洲文化之都。在这里,大部分活动仍在继续——值得推荐的是伊斯坦布尔音乐节和爵士乐日。其实像伊兹密尔或安塔利亚这样的城市已经在文化方面赶上了伊斯坦布尔。这个国家的节日和庆典往往淳朴而真诚。

节日、庆典

1月

博德鲁姆的骆驼之争:想获胜的骆驼必须设法将其他的骆驼推翻。在比赛的过程中必须确保没有动物受伤。

3月

伊兹密尔的欧洲爵士音乐节:3月第一周的顶级音乐会。@ www.iksev.org

4月

伊斯坦布尔国际电影节:在4月份的上半月,伊斯坦布尔将变成一座电影城。@ www.iksv.org/film

安卡拉国际音乐节:来自世界各地的古典音乐首先在这里散发光彩。@ www.ankarafestival.com

5月

伊斯坦布尔国际戏剧节(2016年,2018年):莎士比亚和布莱希特的戏剧剧目经常出现在演出列表上。

6月

★阿斯潘多斯歌剧和芭蕾舞节:在古代剧院的背景下表演。@ www.dobgm.gov.tr

伊斯坦布尔国际音乐节:最精美的经典之作在一些独特的地方表演,例如托普卡帕皇宫的圣艾琳大教堂。@ www.iksev.org

当地锦囊▶ 伊兹密尔国际音乐节:以弗所的古典音乐会给您带来独特的体验!@ www.iksev.org

春夏秋冬——土耳其一年四季的节日都很精彩。

7月
涂油摔跤比赛:土耳其和保加利亚边境附近的传统户外摔跤。@ www.kirkpinar.com

9月/10月
博兹贾岛上盛大的葡萄采摘活动:9月的第一周。@ www.en.bozcaadarehberi.com

★伊斯坦布尔双年艺术展:欧洲最重要的当代艺术展之一。

安塔利亚钢琴日:演奏家露天弹奏钢琴(6天)。@ www.antalya.bel.tr

11月
伊斯坦布尔蓝调音乐节:有许多美国风格的音乐。@ www.biletix.com

12月
★联合之夜(Şeb-i Aruz):科尼亚的德尔维希修士在他们教团创始人的忌日当天表演冥想舞蹈(12月12日)。

★圣诞节(12月25日):将在安塔基亚举行当地捐赠▶弥撒。

节庆日

1月1日	新年
4月23日	国家主权日、儿童节
5月19日	青年和体育日
8月30日	胜利日
10月29日	土耳其国庆日

旅行随时查

网页／博客

www.marcopolo.de/tuerkei 该网站使您的旅行目的地一目了然：具有规划功能的互动式地图、城市印象、当前的新闻和优惠。

muze.gov.tr 土耳其主要的博物馆和古代遗址在该官方网站上有详细的说明。

www.kultur.gov.tr 土耳其旅游和文化部在该网站上介绍了土耳其及其景点。

www.fmprc.gov.cn 中国外交部网站。在"国家和组织—国家（地区）—亚洲—土耳其"中，外交部为您提供土耳其国家概况、双边关系、相关新闻等信息。

www.goturkey.cn 介绍土耳其的中文信息平台，提供与土耳其相关的旅游资讯、各类新闻动态。

www.hurriyet.com.tr 土耳其《自由报》网站。该报是土耳其发行量最大的报纸。

www.hurriyetdailynews.com 《自由每日新闻》是土耳其历史最久的英文报纸。定期更新来自土耳其、邻国及世界其他地方的消息。

www.aa.com.tr 土耳其阿纳多卢通讯社主要发布与土耳其相关的新闻与资讯。

cs.mfa.gov.cn 中国领事服务

> 无论是准备出行还是已到达，这些网址和信息都能够为您的旅行提供帮助。

网：该网站上有安全提醒及签证服务信息。

www.tripwolf.com　该网站提供了来自社区成员的旅行建议、照片、博客和评论，其中还包括一些背景信息以及直接预订住宿和活动的信息。

www.lonelyplanet.com/thorntree　该论坛不仅适用于旅游，也适用于工作和旅行。您可以在论坛上发布自己的评论、照片和报道。

short.travel/tur1　在该网站您可以观看德国广播联盟的纪录片《通过土耳其到伊朗》（约44分钟）。该纪录片展示了柏林勃兰登堡广播公司的一个团队在当地的旅行经验。

www.side-manavgat.de/video.php　该网站为您提供一些旅游信息：土耳其里维埃拉当前的旅游目录；凯梅尔、安塔利亚以及从马纳夫加特到阿拉尼亚的地图。

视频／音乐

土耳其之旅（ReiseInDieTürkei）　这个苹果应用程序对第一次用土耳其语进行沟通的土耳其度假者非常有帮助：它包括来自18个不同学科领域的约400个短语和单词。词汇和句子也可以转换为音频。

航游地中海（Cruising the Mediterranean）　该应用程序（英语）适用于乘坐游轮的游客。它为您提供有关在地中海旅行的所有游轮、航行路线、港口及其基础设施以及陆地游览的信息。

Apps

本出版社对以上网址提供的内容概不承担法律责任。

实用信息

出境

土耳其航空、中国国际航空公司、中国南方航空公司均有直飞土耳其的航班。以土耳其航空公司为例,北京、上海、广州均有直飞伊斯坦布尔的航班。北京每周5班,上海每天1班,广州每周3班。

开车

土耳其的汽车以欧洲品牌为主,街上最常见的汽车是雷诺系列,和大众在中国的地位差不多。土耳其多数车辆都是手动挡,自动挡车较少,柴油车比例较高。土耳其路况较好,在伊斯坦布尔高峰期虽有堵车现象,但是城际之间的交通非常顺畅。土耳其高速公路限速120千米/小时,普通公路限速50千米/小时或70千米/小时。高速公路有收费站,但是无收费人员,如果想走高速公路,必须办理速通卡。速通卡有OGS、HGS,不同的卡要走相对应的通道。

驾驶员允许驾车的血液最高酒精含量为0.5‰。ADAC、土耳其旅游和汽车俱乐部(TTOK,全称为Türkiye Turingat Otomobil Kurumu,🏠 Oto Sanayii Sitesi Yani 1, 4. Levent,伊斯坦布尔 📞 0212 2 82 81 40 @ www.turing.org.tr)可以为驾驶者提供地图和建议。TTOK在埃迪尔内—伊斯坦布尔—安卡拉和伊兹密尔—安卡拉路段的汽车应急服务站可以为您的汽车提供保养和维护。ADAC紧急呼叫站(🏠 伊斯坦布尔 📞 0212 2 88 71 90;0212 2 88 71 91)。

银行/货币兑换

银行营业时间为 🕘 9:00—12:00以及13:00—17:00,在大城市经常不间断营业,直到18:00关门。您可以使用借记卡或信用卡在任何设有自动取款机的地方取款。到较小的地方旅行时,建议您携带足够的现金,最好准备一些较小面额的欧元。许多商店、餐馆以及几乎所有酒店都接受信用卡支付。如果您想兑换外币,可以去外汇办事处(döviz bürosu),在那里您会得到比银行更优惠的汇率。在任何情况下都不建议入境前在自己国家兑换货币。

公交

与火车相比,乘坐巴士可以到

绿色出行

旅行时,您也可以改变世界,比如时刻提醒自己在旅程中尽量选择较少二氧化碳排放的交通方式,学习如何以环保的方式规划您的路线。同时也要注意,尽量保护旅行国家的自然和文化。作为游客,保护自然环境、保护区域特色、减少自驾、节约用水等保护生态环境的举措是非常重要的,请务必多加关注。

从开始到结束：旅行中不可或缺的信息。

达更远的角落。避开廉价供应商可以降低事故风险！乌鲁索伊（Ulusoy）和瓦兰（Varan）使用现代化的旅行巴士。此外，在路程较长的情况下，驾驶员会进行定时换班。乌鲁索伊：☏ 0212 65 83 00 01（24小时）@ www.ulusoy.com.tr；瓦兰：☏ 0216 3 36 96 10（24小时），0212 2 51 74 74 @ www.varan.com.tr

中国使馆

中国驻土耳其大使馆

🏠 Ferit Recai Ertuğrul cad. NO：18 Oran, Ankara ☏ 0090 312 4 90 06 60 @ tr.china-embassy.org/chn/

共享巴士

在任何一个土耳其城市乘坐共享巴士（Dolmuş）都是非常便宜的。这些小型巴士沿固定的路线行驶，并在乘客想要上车或者下车的任何地方停靠。城市中的共享巴士的价格从60欧分到3欧元不等。同样地，在马尔马里斯、博德鲁姆、费特希耶、阿拉尼亚以及西代等大型度假村附近也会有共享巴士。如果是在海滩，共享巴士通常有固定的发车时间，您应该事先进行询问。

入境

目前，持有中国护照的人可以直接办理土耳其电子签证，十分方便。登录 @ https://www.evisa.gov.tr/zh/，点击"立即申请"按钮，选择国籍"中国"，旅行证件"普通护照"，并输入验证码。然后选择预计抵达土耳其的时间，根据情况填写个人信息表，用万事达或维萨卡付款60美元。下载电子签证后，建议您打印出来，或者保存电子版。电子签证需要出示给海关及相关工作人员，须一直保存到行程结束。

入境游客可携带下述免税物品：

1. 1.5千克咖啡、1.5千克即溶咖啡、500克茶、1千克巧克力和1千克糖果。

2. 200支香烟、50支雪茄。

3. 5瓶（每瓶100毫升）或7瓶

它们值多少钱

咖啡	2欧元
	一杯咖啡
长途巴士	30欧元
	伊斯坦布尔—博德鲁姆
小吃	1.50欧元
	一份烤肉卷饼
土耳其浴	25欧元
	消费一次
汽油	2欧元起
	1升汽油
出租车	65欧分
	每千米65欧分

土耳其

（每瓶70毫升）酒或烈酒。

4. 5瓶香水（每瓶容量不超过120毫升）。

拍照

严禁拍摄军队、警察设施和车辆，这其中还包括桥梁和港口。伊斯兰教禁止给别人画像。请不要拍摄蒙着面纱的女人。如果他人没有特别要求您拍摄照片，您应该尊重他人"禁止拍照"的手部动作。

健康

这里的自来水不能直接饮用。在任何地方都可以找到饮用水，它们装在不同大小的塑料瓶中。带有碳酸的矿泉水被称为苏打水。在公立医院（SSK Hastanesi），您必须先提交土耳其签发的外国医疗证明，然后获得有效的治疗证明，这样您才能得到免费的治疗。在药店（eczane），许多普通药物通常没有处方就可以购买。但是无论如何，从家里出发时您都应该带着足够的药物。

无线网/网吧

在土耳其，几乎全国范围内都提供免费的无线网络。大多数酒店的客房或大堂均设有免费接待处。在度假胜地，几乎每家咖啡馆都有互联网，您只需要询问访问密码即可。不过，虽然在如此多的场合都可以连接无线网络，仍不建议您利用酒店房间或咖啡馆的无线网络办理银行业务。

在土耳其能轻易地找到网吧。上网费用为每小时1.50欧元。安卡拉：Argos（🏠 Tandoğan, Mebusevleri, Anıt Cad. 14/ 5 📞 0312 2 15 63 94 @ www.argoscafe.com）；安塔利亚：Sanal Alem（🏠 Kazım Özalp Cad., Beşinci Sokak 2 📞 0242 2 44 56 70 @ www.sanal.osmanli.com）；博德鲁姆：博德鲁姆网吧（🏠 绿洲购物中心 📞 0252 3 17 00 22 ✉ guras@superonline.com）；伊斯坦布尔：Orient Hostel（🏠 Akbıyık Cad. 9, Sultanahmet 📞 0212 5 17 94 93 @ www.orienthostel.com）。

租车

主要的国际租车供应商在土耳其有代理处。然而，在众多较小的租车公司租用汽车要便宜得多（小型汽车20~30欧元/天）。您取车时油箱是空的，交付车辆时也应清空油箱。在签订合同时，您必须签署一份空白支票作为保证，支票在您交付车辆时会被撕毁。@ www.rentacarrehberi.com

博物馆

在土耳其各地，您将看到各种类型的博物馆。政府的博物馆门户网站（@ www.muze.gov.tr）为您提供主要博物馆的信息。大多数博物馆在星期二闭馆。中学生和拥有学生证的大学生可享受折扣。在伊斯坦布尔，您可以购买有效期为3天或5天（约30欧元或40欧元）的博物馆通行证。凭借通行证可以免费进入圣索菲亚大教堂、托普卡帕皇宫、考古博物馆、马赛克博物馆、土耳其和伊斯兰艺术博物馆、伊斯兰科学技术博物馆、乔拉斯教堂（Chora Kirche）、加拉塔梅夫拉

实用信息

维博物馆（Galata Mevlevihanesi）、耶尔德兹宫（Yildiz Palastkomplex）、鲁梅利城堡（Rumeli）以及费特希耶清真寺。凭借通票购买私人博物馆门票和在博物馆商店购物可享受10%~20%的折扣。

用电

电源电压为220V，与中国一样。您不必携带插座适配器。

紧急呼叫

报警电话：155；火警：110；急救电话：112。外交部全球领事保护与服务应急呼叫中心电话：0086 10 1 23 08。

邮局

土耳其已经取消了街头邮筒。您可以在酒店前台或邮局寄信。

货币/物价

土耳其的货币单位是土耳其里拉（TL）。其纸币面值有5、10、20、50、100和200土耳其里拉。1土耳其里拉可以换100库鲁（Kuruş）。硬币的面值有5、10、25或50库鲁。土耳其通货膨胀率相对较高，汇率经常发生变化。

土耳其物价水平较高，伊斯坦布尔、安塔利亚以及其他主要热门旅行目的地的消费水平超过国内一线城市。土耳其是肉食者的天堂，但近年来牛羊价格也在不断攀升。一顿正餐的人均消费在20里拉左右，好的餐厅人均消费相应增加。一小瓶矿泉水1~2里拉，大瓶需要2.5~3里拉。对于自驾的人来说，汽油也不便宜，价格高于中国。住宿价格普遍比欧洲要低，一间标准间每晚的房价在200~250元人民币，热门景点或风景好的房间更贵。不过，很多酒店都有定期打折活动，提前关注与预订可为旅行节省不少费用。

旅游旺季

土耳其的最佳旅行季节是4月至10月底的雨季。地中海的夏季非常炎热，安纳托利亚高地和土耳其东部则又热又干。冬天这里白雪皑皑，十分寒冷。土耳其的冬天可以持续到4月，伊斯坦布尔也会短暂下雪。在黑海，每个季节气候都是多雨、潮湿的。

安全

警方在应对伊斯坦布尔和安卡拉示威游行的过程中，可能会使用催泪瓦斯和水炮，从而导致交通阻塞。旅行者应远离示威游行和人群。此外，建议旅行者不要靠近土耳其和叙利亚边境，特别是避免靠近土耳其和叙利亚以及土耳其和伊拉克的边境设施。

货币汇率

1欧元=6.80土耳其里拉

1土耳其里拉=0.14欧元

1元人民币=0.88土耳其里拉

1土耳其里拉=1.13元人民币

土耳其

前往土耳其东南部时,建议您小心谨慎,陆上旅行应尽可能避开支路。

出租车

在乘坐出租车时应坚持司机开启计价器,不要采用包价!在较小的城镇,由于距离较短,通常会收取较高的起步费。谨防那些找零钱时用5土耳其里拉代替50土耳其里拉的不良司机;注意查看货币面值并核对好纸币数量!

电话/手机

土耳其电信是一家国有公司,电话费很贵!夜间电话费适用时间段为20:00至次日6:00。邮局和电话亭(telefonkarti)提供电话卡。预付卡的价格更便宜:您可以免费拨打服务号码,输入您的个人密码后可拨打国外号码。手机在土耳其非常普及,全国范围内都有手机信号。土耳其最大的移动网络提供商Turkcell的价格很优惠(@ www.turkcell.de)。拨打以下号码,您可以报告您的手机的丢失情况:

T-D1: 0049 180 30 22 02
Vodafone: 0049 172 12 12
O2: 0049 1805 62 43 57
E-Plus: 0049 177 10 00

伊兹密尔天气

	1月	2月	3月	4月	5月	6月	7月	8月	9月	10月	11月	12月
日间气温(°C)	12	14	16	21	26	30	33	33	29	24	19	14
夜间气温(°C)	5	5	6	10	14	18	21	21	17	14	10	7
每天太阳照射时长	4	6	6	8	10	12	13	12	10	8	6	4
每月降雨天数	12	10	7	4	2	1	0	0	1	4	6	11
水温(°C)	15	13	14	16	18	21	23	23	22	20	17	16

实用信息

小费

土耳其的餐馆和酒店收取消费额10%的小费很常见。在乘坐出租车时，您也可以将费用凑成整数。

土耳其有增值税，在账单上显示的一般是"完税价"（KDV），即增值税和服务费都包括在内了。在很多消费场所都写有"Fiyatlarimizda KDV Dahildir"（税费已经包括在价格内）的标示牌。如果您需要，可以将完税价在账单上单独列出。如果您同意不要正式收据，一些酒店和商店还可提供折扣价。

理论上，如果游客购买了大件的商品，诸如地毯、皮衣等，可以要求退税。但因为并非所有的商店都参与了"完税价"活动，所以您购买后要询问商家是否可以得到"完税价"退税收据。持有该退税收据您可以在离开土耳其时在国际机场或任何一个出境海关的银行得到返还给您的税费现金。

餐厅的小费一般是消费额的10%，高档的餐厅和酒店通常在账单上自动加上10%~15%的服务费。在便宜的旅馆或便宜的当地风格小饭馆内不需要给小费。给酒店行李搬运工的小费标准一般相当于房费的2%。在土耳其大浴室洗土耳其浴时需要为座位给一点小费。

时间

土耳其属东三区，土耳其时间比属东八区的中国的北京时间晚5小时。

教您当地话

常用表达

是/不是/也许	evet/hayır/belki
不客气/谢谢	Lütfen./Teşekkür. (ederim) oder Mersi
抱歉!	Afedersin!/Afedersiniz!
我想要……/您有……吗?	... istiyorum/... var mı?
……多少钱?	... ne kadar? Fiyatı ne?
我(不)喜欢……	Beğendim./Beğenmedim.
好/不好	iyi/kötü
坏了/无法运作	bozuk/çalışmıyor
太多/多/少	çok fazla/çok/az
一切/没有	hepsi/hiç
救命!/警告!/小心!	İmdat!/Dikkat!/Aman!
救护车/警察/消防	ambulans/polis/itfaiye

问候/告别

早上好!/您好!/晚上好!/晚安!	Günaydın!/İyi Günler!/İyi Akşamlar!/İyi Geceler!
嗨!/再见!	Merhaba!/Allaha ısmarladık!
拜拜!	Hoşçakal (Plural: Hoşçakalın)/Bye bye!
我叫……	Adım ... oder İsmim ...
您叫什么名字?	Sizin adınız ne?/Sizin isminiz ne?
你叫什么名字?	Senin adın ne?/Senin ismin ne?
我来自……	... den/dan geliyorum.

日期/时间

周一/周二/周三	Pazartesi/Salı/Çarşamba
周四/周五/周六	Perşembe/Cuma/Cumartesi
周日/工作日	Pazar/İş günü
节日	Tatil Günü/Bayram
今天/明天/昨天	bugün/yarın/dün
小时/分钟	saat/dakika
日/夜/周	gün/gece/hafta
月/年	ay/yıl

您会说土耳其语吗?
这里有重要的常用词汇和表达方式。

在路上

开门/关门	açık/kapalı
入口/车库入口	giriş/garaj kapısı
出口/车库出口	çıkış/garaj çıkışı
出发/到达	kalkış/varış
卫生间/女士/先生	tuvalet (WC)/bayan/bay
(非)饮用水	içme suyu (değil)
……在哪儿?	Nerede ...?/neredeler ...?
左边/右边	sol/sağ
笔直向前/后退	ileri/geri
近的/远的	yakın/uzak
公交车/电车/地铁/出租车	otobüs/tramvay/metro/taksi
公共汽车站/出租车站	durak/taksi durağı
城市地图/地图	şehir krokisi/harita
火车站/港口	istasyon/liman
飞机场	havaalanı
时刻表/车票	tarife/bilet
单程/往返	tek gidiş/gidiş dönüş
我想租一辆车。	bir otomobil/araba kiralamak istiyorum.
加油站	benzin istasyonu
汽油/柴油/无铅的	benzin/dizel/kurşunsuz
故障/维修店	arıza/tamirhane

美食

我们今天晚上在这里预订了一张四人桌。	Lütfen bize bu akşama dört kişilik bir masa ayırın.
在露台上/在窗户边	terasta/pencere kenarında
请拿菜单。	Menü lütfen.
我想要点……	... alabilir miyim lütfen?
瓶/大腹瓶/玻璃杯	şişe/karaf/bardak
刀/叉/勺	bıçak/çatal/kaşık
盐/胡椒/糖	tuz/karabiber/şeker
醋/油	sirke/zeytinyağı
奶/奶油/柠檬	süt/kaymak/limon
冷/腌制/生	soğuk/fazla tuzlu/pişmemiş

土耳其

带/不带冰	buzlu/buzsuz
水/苏打水	su/soda
素食/过敏	vejetaryan/alerji
您好,我想付款。	Hesap lütfen.
发票/收据/小费	fatura/fiş/bahşiş

购物

我在哪里可以找到……?	... nerede bulurum?
我想要……/我在找……	... istiyorum./... arıyorum.
您能将照片刻录到CD上吗?	CD'ye fotoğraf basıyor musnuz?
药店/美容、保健品店	eczane/parfümeri
面包店/市场	fırın/pazar
购物中心	alışveriş merkezi/bonmarşe
日用品商店	gıda marketi/bakkal
超市	süpermarket
售报亭	büfe/bayii
100克/1千克	yüz gram/bir kilo
昂贵/便宜/价格	pahalı/ucuz/fiyat
多一些/少一些	daha çok/daha az

住宿

我预订了一个房间。	Bir oda rezervasyonum var.
您还有……吗?	Daha ... var mı?
单人间/双人间	tek kişilik oda/çift kişilik oda
早餐/半食宿	kahvaltı/yarım pansiyon
食宿全包	tam pansiyon
靠前/靠海	ön tarafta/denize bakan
淋浴/浴缸	duş/banyo
阳台/露台	balkon/teras
钥匙/房卡	anahtar/oda kartı
行李/箱子/手提包	bagaj/bavul/çanta

银行/货币

银行/自动柜员机	banka/ATM
密码	şifre
我想兑换……欧元	... avro bozduracağım.
现金/借记卡/信用卡	nakit/banka kartı/kredi kartı
纸币/硬币	banknot/demir para
换钱	bozuk para

教您当地话

健康

医生/牙医/儿童医生	doktor/diş doktoru/çocuk doktoru
医院/紧急医生	hastane/acil doktor
发烧/疼痛/腹泻/恶心	ateş/ağrı/ishal/bulantı
晒伤	güneş yanığı
发炎/受伤	iltihaplı/yaralı
创可贴/绷带	yara bandı/gazlı bez
药膏/乳霜	merhem/krem
止痛药/药片	ağrı kesici/hap

电话交际/媒体

邮票/信/明信片	posta pulu/mektup/kartpostal
我需要一张电话卡来上网。	Bir telefon kartı lazım.
固定电话	sabit hatlar için
我正在为我的手机寻找预付卡。	Bir hazırkart lazım cep telefonum için.
我在哪里可以接入网络?	İnternete nereden girebilirim?
我需要特殊的区号吗?	Özel bir ön numara gerekiyor mu?
选择/连接/电话忙	çevirmek/hat/meşgul
插座/适配器/充电器	priz/adaptör/şarj aleti
电脑/电池/蓄电池	bilgisayar/pil/akü
网络连接/无线网络	internet bağlantısı/wireless
(电子)邮件/数据/打印	(e-)mail (e-posta)/dosya/basmak

数字

0	sıfır	15	on beş
1	bir	16	on altı
2	iki	17	on yedi
3	üç	18	on sekiz
4	dört	19	on dokuz
5	beş	20	yirmi
6	altı	21	yirmi bir
7	yedi	50	elli
8	sekiz	100	yüz
9	dokuz	200	iki yüz
10	on	1 000	bin
11	on bir	2 000	iki bin
12	on iki	10 000	on bin
13	on üç	½	yarım
14	on dört	¼	çeyrek

索 引

Afyon 阿菲永 95, 111
Ağva 阿瓦 111, 115
Aksaray 阿克萨赖 71, 95, 100
Alaçatı 阿拉恰特 44, 51
Alanya 阿拉尼亚 54, 103, 111
Altındere 埃特德 91
Amasra 阿马斯拉 87, 97
Amasya 阿马西亚 84
Anamur 阿纳穆尔 56, 103
Anatolien 安纳托利亚 9, 10, 41, 66, 76
Ani 阿尼 82
Ankara 安卡拉 66, 74, 93, 99, 110
Antakya (Antiochia) 安塔基亚 11, 15, 102, 117
Antalya 安塔利亚 20, 41, 57, 102, 110, 111, 116, 117
Ararat 阿勒山 16, 76, 83, 108, 110
Aspendos 阿斯潘多斯 60, 111, 116
Assos 阿索斯 43
Avanos 阿瓦诺斯 70
Ayder Plateau 爱迪尔高原 19, 90, 106
Belcekiz Beach 贝尔塞奇兹海滩 62
Belek 贝莱克 109
Belisırma 贝利西马 71
Bergama 贝尔加马 33, 53, 98
Beyşehir 贝伊谢希尔湖 75, 100
Bilbilan 比尔比兰 90
Bodrum 博德鲁姆 34, 41, 52, 95
Boğazkale 博阿兹柯尔 70, 74, 100
Bozburun 博兹布伦 64, 65
Bozcaada 博兹贾岛 42, 43, 111, 117
Burgazada 布尔加斯达岛 48, 113
Bursa 布尔萨 39, 93, 94, 99, 111
Büyükada 比于卡达岛 48, 113
Çanakkale 恰纳卡莱 42, 98
Çatalhöyük 加泰土丘 75
Çeşme 切什梅 51, 111
Cirali 突西里 64
Cumalıkızık 库玛里克兹克 41
Dalyan 达利安 65
Dardanellen 达达尼尔海峡 42, 44, 111
Datça 达特恰 65
Denizli 代尼兹利 53, 95, 101

Derinkuyu 代林库尤 71, 95
Deyrulzafaran 德耶鲁扎法兰东正教院 80
Didyma 迪迪玛 52
Diyarbakır 迪亚巴克尔 77, 96
Doğubeyazıt 多乌巴亚泽特 82, 83
Eceabat 埃杰阿巴德 43
Edirne 埃迪尔内 11
Eğirdir 埃伊尔迪尔 101, 111
Ephesos (Efes) 以弗所 11, 51, 101, 116
Ercis 埃尔吉斯 24
Erdek 埃尔代克 111
Erzurum 埃尔祖鲁姆 23
Fethiye 费特希耶 41, 59, 61, 64, 101, 111
Gaziantap 加济安泰普 12, 27, 96
Gedevet 格代韦特山 57
Gerze 盖尔泽 89
Gökçeada 格克切岛 42, 43, 111
Göltürkbükü 格士尔克布库 36
Göreme 格雷梅 70, 95
Gümüşlük 格姆斯吕克 36, 38
Halicarnassus 哈利卡那索斯 34
Hamam 土耳其浴室 19, 47, 111, 136
Harran 哈兰 81
Heybeliada 雷贝里岛 48, 113
Homer 荷马 42, 44, 98
Ihlara Vadisi 厄赫拉热峡谷 71
Ilıca 利卡 51
İstanbul 伊斯坦布尔 10, 11, 12, 21, 23, 26, 27, 29, 44, 48, 52, 92, 93, 109, 111, 112, 116, 117, 120
İzmir 伊兹密尔 26, 27, 48, 54, 94, 98, 111, 116, 120
İznik Gölü 伊兹尼克湖 41
Kaçkar 卡奇卡尔山脉 90, 105, 106
Kahta 卡赫塔 81, 104
Kaleköy 卡勒其 59, 63
Kalkan 卡尔坎 111
Kanlıca 坎利卡 48
Kappadokien 卡帕多西亚 10, 66, 70, 95, 111
Kara Deniz 黑海 10, 21, 22, 66, 84, 97, 105
Kaş 卡什 19, 59, 63, 111
Kaymaklı 卡伊马克勒 71

> 在此可查询书中涉及的重要地名和景点，后附相关页码。

Kayseri 开塞利 12, 27, 70, 96
Kazdağlari 卡兹山 108, 111
Kekova 科克瓦岛 59
Kelebekler Vadisi 蝴蝶谷 62
Kemer 凯梅尔 110, 114, 119
Kilitbahir 齐里巴赫尔 43
Kınalıada 克纳尔达岛 113
Kızılcahamam 克孜勒贾哈马姆 70
Kızıldağ Milli Parkı 基齐尔达科莫国家公园 75
Konya 科尼亚 12, 33, 72, 73, 74, 95, 100, 117
Köprülü Kanyon Milli Park 桥峡谷国家公园 60
Köyceğiz Lake 克伊杰伊兹湖 65
Kuşadası 库沙达瑟 52, 101
Kuzguncuk 库兹衮库克 48
Lykischer Wanderweg 利西亚之路 54
Manavgat 马纳夫加特 60
Manavgat Waterfall 马纳夫加特瀑布 57
Mardin 马尔丁 79
Marmaris 马尔马里斯 41, 54, 64, 65, 101
Mavi Yolculuk 蓝色之旅 37, 41, 59, 64, 101, 109
Mersin 梅尔辛 12, 103, 111
Midyat 米迪亚特 80
Milet 米利都 52, 88, 101
Mor Gabriel 莫·加布里埃 80
Mustafapaşa 穆斯塔法帕夏 71
Mustafa Kemal Atatürk 穆斯塔法·凯末尔·阿塔图尔克（凯末尔）11, 22, 42, 66, 68
Nemrut Dağı 内姆鲁特山 81, 104
Nevşehir 内夫谢希尔 70, 72, 95
Niğde 尼代 70
Ölüdeniz 爱吕德尼茨 61, 62, 101, 110
Olympos 奥林波斯 64
Pamukkale 棉花堡 34, 53, 95, 111
Patara 帕塔哈 62, 111

Perge 佩尔格 60, 111
Polonezköy 波罗内兹科伊 115
Prinzeninseln 王子群岛 48, 111, 112
Reşadiye 雷沙迪耶 64, 65
Safranbolu 萨夫兰博卢 86, 97
Saklıkent 萨克里肯特 110
Şanlıurfa 尚勒乌尔法 80, 96, 104
Selçuk 塞尔丘克 51, 52, 101
Selge 塞格 60
Side 西代 57
Şile 希莱 111
Silifke 锡利夫凯 103
Sinop 锡诺普 87, 90, 111
Soğanlı 索安勒 71
Soğuksu Milli Parkı 苏克苏自然公园 70
Sultansazlığı Nature Park 苏丹里迪自然公园 72
Sultanhanı 苏丹哈纳 100
Sümela Manastırı 苏美拉岩石修道院 91, 105
Sürmene 叙尔梅内 107
Taurusgebirge 托罗斯山脉 10, 54, 57, 61, 64, 108, 110
Termessos 泰尔莫索斯 60
Trabzon 特拉布宗 89, 90, 91, 105
Troja 特洛伊 34, 42, 43, 44, 98, 111
Tur Abdin 图尔阿卜丁 80
Türkische Riviera 土耳其里维埃拉 21, 54, 108
Uchisar 乌奇希萨尔 72
Uludağ 乌鲁达山 39, 42, 94, 99
Ürgüp 于尔居普 71, 72
Uzungöl 长湖 91, 106
Van 凡城 24, 81
Xanthos 克桑托斯 57
Yalıkavak 亚勒卡瓦克 36
Yalvaç 亚尔瓦奇 100
Yazılıkaya 亚泽勒卡亚 70

土耳其

图片来源

封面图片：博德鲁姆（Schapowalow/ 4 Corners：L. Linder）

图　片：Fotos: Ada Kitap Café：Mandee M. Astuti（P.21上）；Adam & Eve Hotels（P.20下）；R. Hackenberg（P.6下，P.36，P.42，P.78，P.83，P.84/85，P.110，P.116/117，P.117，P.118上）；huber-images：Cossa（P.71），B. Cossa（P.81），Grüner（P.76/77），Huber（P.108/109），L. Linder（P.30右，P.31），S. Lubenow（P.10/11），Schmid（P.6上，P.7，P.8/9，P.24，P.28/29，P.34/35，P.58，P.66/67，P.73），R. Schmid（P.8/9，P.14，P.51，P.100）；La Terra Magica：Lenz（P.11下）；Laif：Bungert（P.33），Kirchgessner（P.19），Schliack（P.32/33，P.119），Tophoven（P.26，P.30左，P.62），Türemis（P.54/55）；mauritius images：Bridge（P.15），Kord（P.44），Lukassek（P.92/93）；mauritius images/age（P.116）；mauritius images/Alamy（P.16，P.17，P.18，P.22/23，P.39，P.49，P.68，P.75，P.88，P.104，P.107，P.112/113，P.114，P.115）；mauritius images/Funkystock：P. Williams（P.53）；mauritius images/Imagebroker：N. Eisele-Hein（P.21下），M. Siepmann P.56，P.86），P. Williams（P.60）；mauritius images/Minden Pictures（P.65）；mauritius images/Westend61（P.97）；picture alliance：T. Bozoglu（P.20上）；T. Stankiewicz（P.46）；K. Thiele（P.91）；TURKISH FLAVOURS（P.20中）；D. Zaptcioglu/J. Gottschlich（P.5右）

本书地图系原版书地图。

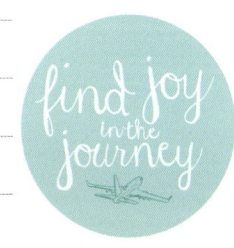

在旅行
Traveling